Frau Eckhoff kocht:

Kulinarisches aus aller Welt

Hallo - liebe Freunde der guten Küche!
Ein altes chinesisches Sprichwort besagt:

*„Wo man gut isst,
da lass Dich ruhig nieder!"*

Doch vor dem Essen kommt bekanntlich das Kochen. In diesem Kochbuch finden Sie leicht nachkochbare, übersichtliche, nationale, internationale und vegetarische Rezepte. Alle Rezepte sind für 4 Portionen berechnet. Wer die eine oder andere Zutat nicht mag, oder diese nicht bekommt, lässt sie einfach weg oder ersetzt diese durch eine Andere. Mengenangaben bei den Gewürzen habe ich bewusst ausgelassen, damit jeder ganz nach eigenem Gusto würzen kann. Alle hier aufgeführten Rezepte wurden von mir nachgekocht. Eine Garantie kann ich jedoch nicht übernehmen. Ebenso ist die Haftung von mir und dem Verlag für Personen- Sach- und Vermögensschäden ausgeschlossen. Alle Markennamen, Warenzeichen und sonstigen eingetragenen Trademarks sind Eigentum ihrer rechtmäßigen Eigentümer und dienen hier nur der Beschreibung. Jetzt aber ran an den Herd und viel Freude und gutes Gelingen beim Nachkochen.

Denn: „Kochen ist kein Hexenwerk!"

Herzlichst Birgit Eckhoff

Birgit Eckhoff

Frau Eckhoff kocht:

Kulinarisches aus aller Welt

Bibliografische Information der Deutschen Nationalbibliothek. Die Deutsche Nationalbibliothek verzeichnet diese Publikation in der Deutschen Nationalbibliografie; detaillierte bibliografische Daten sind im Internet über http://dnb.de abrufbar.

Copyright © September 2015 – Birgit Eckhoff

Herstellung und Verlag: BoD - Books on Demand, Norderstedt

www.bod.de

ISBN: 978-3-7386-3438-9

MIX
Papier aus verantwortungsvollen Quellen
Paper from responsible sources
FSC® C105338
FSC
www.fsc.org

INHALTSVERZEICHNIS REZEPTE

In liebevoller und dankbarer Erinnerung an
Ole Eckhoff (17.05.1994 – 17.10.2008)

„Das schönste Denkmal, das ein Mensch
bekommen kann, steht in den Herzen seiner
Mitmenschen."

(Albert Schweizer)

Apfel-Hack-Spieße

500 Gramm Hackfleisch
1 Zwiebel
2 Eier
4 Esslöffel Rosinen
Salz/ Pfeffer
Paprikapulver
Petersilie
200 Gramm Speck
3 Äpfel
Saft von einer Zitrone
2 Esslöffel Butter
1 Teelöffel Zucker
1 Teelöffel Sojasauce

Zubereitung:

Hackfleisch in eine Schüssel geben. Die Zwiebel schälen, fein hacken und mit den Eiern und Rosinen zum Fleisch geben. Mit Salz, Pfeffer, Paprikapulver und Petersilie würzen. Aus der Masse Bällchen formen. Den Speck in mundgerechte Stücke schneiden. Äpfel waschen, trockentupfen, vierteln, entkernen und mit etwas von dem Zitronensaft beträufeln. Abwechselnd Hackbällchen mit Apfelspalten und Speck auf Spieße stecken. Auf dem heißen Grill etwa 6 Minuten von jeder Seite garen, bis die Hackbällchen gut durch gegrillt sind. Butter schmelzen, Zucker, restlichen Zitronensaft und Sojasauce zugeben und gut verrühren. Die Apfelspieße während des Grillens mit der Sauce bestreichen. Die Spieße mit der restlichen Sauce servieren.

Eine bunte Mischung am Spieß. Die Äpfel sorgen für eine besondere Raffinesse.

Backofengemüse ist ein leichtes, kalorienbewusstes und doch sehr schmackhaftes Gericht.

Backofengemüse auf Schafskäse

2 Paprika
2 Zucchini
6 Tomaten
3 Zwiebeln
2 Zehen Knoblauch
500 Gramm Schafskäse
3 Esslöffel Olivenöl
Salz/ Pfeffer
Oregano
Thymian
Basilikum

Zubereitung:

Alle Gemüsesorten putzen, waschen, in kleine Stücke schneiden und in eine Schüssel geben. Alles miteinander vermengen und mit Olivenöl vermischen. Den Knoblauch und die Zwiebel hinzufügen und kräftig mit den Kräutern, Salz und Pfeffer abschmecken. Feta in Würfel schneiden und in eine Auflaufform legen. Darauf das angemachte Gemüse verteilen. Das Ganze im vorgeheizten Backofen bei 180 Grad eine halbe Stunde garen. Dazu schmecken Reis, Brot oder ein Dip sehr gut.

„Die Küche ist eine Welt, deren Sonne der Kochherd ist."

(Victor Marie Hugo)

Bandnudeln mit Spinat-Käse-Sauce

500 Gramm Blattspinat
1 Zwiebel
1 Knoblauchzehe
500 Gramm Bandnudeln (oder andere Nudeln)
1 Esslöffel Öl
1 Esslöffel Pinienkerne
200 Gramm Schmelzkäse
Salz/ Pfeffer
Parmesan

Zubereitung:

Wer frischen Spinat zur Verfügung hat sollte diesen sorgfältig verlesen und unter fließendem Wasser gründlich waschen. Größere Blätter werden etwas zerrupft. Zwiebel und Knoblauchzehe schälen und fein schneiden. Nudeln in Salzwasser bissfest kochen. Öl in einem großen Topf erhitzen und die Zwiebel und Knoblauchwürfel darin glasig dünsten. Den vorbereiteten Spinat und die Pinienkerne dazugeben und kurz anbraten bis der Spinat zusammenfällt oder der Tiefkühl-Spinat aufgetaut ist. Schmelzkäse zugeben und mit Salz und Pfeffer kräftig abschmecken. Alles unter ständigem Rühren einkochen lassen. Die Nudeln abgießen und gut abtropfen lassen. Zur Sauce geben. Alles miteinander vermischen und mit Parmesan bestreut servieren.

Berliner Kalbsleber mit Zwiebeln und Äpfeln

4 Scheiben Kalbsleber
4 Zwiebeln
2 Äpfel
4 Esslöffel Pflanzenöl
2 Esslöffel Butter
2 Esslöffel Mehl
Salz/ Pfeffer

Zubereitung:

Leberscheiben waschen und trockentupfen. Zwiebeln pellen und in Ringe schneiden. Äpfel schälen, Kerngehäuse entfernen und in etwa ein Zentimeter dicke Scheiben schneiden. Öl in einer Pfanne erhitzen und die Zwiebeln unter Rühren goldbraun anbraten. In einer zweiten Pfanne einen Esslöffel Butter erhitzen und die Apfelscheiben bei schwacher Hitze weich dünsten. Zwiebeln aus der Pfanne nehmen und auf einem Küchenkrepp abtropfen lassen. Das Bratenfett abgießen und das restliche Öl und die Butter erhitzen. Die Leberscheiben in Mehl wenden und jede Seite goldbraun braten. Jetzt erst die Leberscheiben salzen und pfeffern. Kalbsleber auf einer Platte anrichten, mit den Apfelscheiben belegen und mit Zwiebelringen garniert servieren. Dazu passt Kartoffelpüree.

Berliner Kartoffelsuppe

4 Mettwürstchen
30 Gramm Speck
500 Gramm Kartoffeln
1 Bund Suppengrün
1 Liter Brühe
1 Esslöffel Butter
1 Zwiebel
1 Packung Schmelzkäse mit Kräutern
Muskat
Majoran
Petersilie
Salz/ Pfeffer

Zubereitung:

Zwiebel putzen und würfeln. Mettenden in Stücke schneiden. Beides mit Butter anbraten. Suppengrün und Kartoffeln schälen, würfeln und zu den Mettenden geben. Alles einige Minuten gut andünsten. Mit einem Liter Brühe ablöschen. Alles mit Salz, Pfeffer, Muskat und Majoran würzen und zirka 20 Minuten kochen. Die Hälfte der Kartoffelsuppe entnehmen und die andere Hälfte mit einem Mixer pürieren. Alles wieder zusammenfügen. Schmelzkäse einrühren. Die Kartoffelsuppe mit Petersilie bestreuen und in Suppenschälchen heiß servieren. Dazu Brot reichen.

Blätterteigschnecken

Für den Dip:
200 Gramm Salatgurke
125 Gramm Frischkäse
1 Becher Kräuter Crème fraîche
Salz/ Pfeffer

Für die Blätterteigschnecken:
1 Packung Blätterteig (Kühlregal)
100 Gramm Schinken
100 Gramm Käse, gerieben
1 Becher Schmand
Salz/ Pfeffer
Oregano

Zubereitung:

Für den Dip einfach alle Zutaten in eine Schale geben und gut verrühren. Mit Salz, Pfeffer und Gewürzen abschmecken. Blätterteig ausrollen, mit Schmand bestreichen und nach Geschmack würzen. Schinken würfeln und zusammen mit dem Käse auf dem Schmand verteilen. Blätterteig von der breiten Seite her fest aufrollen (geht prima, wenn das Ganze auf einem Küchentuch liegt) und in fingerdicke Scheiben schneiden. Die Schnecken auf ein mit Backpapier ausgelegtes Blech legen. Im vorgeheizten Backofen bei 180 Grad 25 bis 30 Minuten backen. Die Schnecken lassen sich prima vorbereiten und schmecken auch kalt sehr gut. Dazu passt ein kühles Glas Weißwein und ein Dip.

Blumenkohl-Bombe

1 Blumenkohl
500 Gramm Hackfleisch
Salz/ Pfeffer
1 Ei
1 Zwiebel
Semmelbrösel
2 Esslöffel Senf
200 Gramm Schinken

Zubereitung:

Blumenkohl von Blättern und groben Strunk befreien und für ein paar Minuten in kaltes Salzwasser legen. Blumenkohl am Stück in reichlich Salzwasser 15 Minuten, je nach Größe, kochen lassen. Nicht länger da er sonst später matschig wird. Wasser abgießen und Blumenkohl etwas auskühlen lassen. In der Zwischenzeit das Hackfleisch zubereiten. Dafür eine Zwiebel fein würfeln. Ei, Semmelbrösel und Senf zugegeben. Alles gut vermengen. Blumenkohl auf ein Blech mit Backpapier legen und den ausgekühlten und trockenen Blumenkohl mit der Hackfleischmasse ummanteln. Den Blumenkohl - Hackfleischberg mit Schinken einwickeln. Das Ganze bei 200 Grad für etwa 50 Minuten im Ofen garen. Mit einer Sauce Hollandaise servieren

„Ich schwärme für einfache Genüsse. Sie sind die letzte Zuflucht der Komplizierten."

(Oscar Wilde)

Blumenkohlauflauf

1 großer Blumenkohl
1,5 Liter Gemüsebrühe
300 Gramm Kochschinken
4 Esslöffel Pinienkerne
8 Eier
0,4 Liter Milch
120 Gramm Parmesan
Salz/ Pfeffer
Muskat

Zubereitung:

Blumenkohl in Röschen schneiden und in der Gemüsebrühe bissfest garen. Pinienkerne in einer beschichteten Pfanne ohne Öl anrösten. Eier mit der Milch verquirlen, salzen und pfeffern. Schinken würfeln. Eine Auflaufform mit Butter einfetten und den Blumenkohl hineingeben. Nochmal mit Pfeffer und Muskat würzen. Schinkenwürfel und Pinienkerne darüber verteilen. Die Ei-Milch-Mischung darüber gießen und mit Parmesan bestreuen. Im Backofen bei 200 Grad etwa 30 Minuten stocken lassen. Wer sich lieber fleischlos ernährt, lässt den Schinken einfach raus.

„Wir leben nicht, um zu essen. Wir essen, um zu leben."

(Sokrates)

Borschtsch

800 Gramm Rindfleisch, mit Knochen
300 Gramm Möhren
1 Weißkohl
400 Gramm Rote Bete
2 Knoblauchzehen
Salz/ Pfeffer
Piment
Ingwer
2 Esslöffel Rotweinessig
1 Esslöffel Zucker
1 Becher saure Sahne
1 Esslöffel Zitronensaft
Dill

Zubereitung:

Rindfleisch in 1,5 Liter Salzwasser bei schwacher Hitze eine Stunde köcheln lassen. Möhren schälen und in Scheiben schneiden. Kohl putzen, vierteln und ohne Strunk in Streifen schneiden. Rote Bete schälen und in Stifte schneiden (hierzu am Besten Einmalhandschuhe anziehen, da Rote Bete sehr farbintensiv ist und dadurch die Hände färben). Knoblauch schälen und hacken. Alle Zutaten zum Fleisch geben und weitere 30 Minuten garen. Das Fleisch aus dem Topf nehmen, vom Knochen lösen und in mundgerechte Stücke schneiden. Anschließend wieder in den Topf geben. Die Suppe mit Salz, Pfeffer, Piment, Ingwer, Essig und Zucker abschmecken. Saure Sahne mit dem Zitronensaft und Dill verrühren und jeweils einen guten Klecks davon auf den Borschtsch geben.

Brasilianische Maissuppe

2 Stangen Lauch
2 Chilischoten
2 Knoblauchzehen
1 Limette
1 Stück Ingwer
2 Dosen Mais
2 Esslöffel Öl
1,5 Liter Gemüsebrühe
Koriander
4 Esslöffel Sojasauce
Salz/ Pfeffer

Zubereitung:

Lauch putzen, längs halbieren, waschen und in Ringe schneiden. Chilischote waschen, entkernen und fein hacken. Knoblauch schälen und durch eine Presse geben. Limette waschen und in Scheiben schneiden. Ingwer schälen und fein reiben. Mais in einem Sieb abtropfen lassen. Öl in einem Topf erhitzen und darin den Lauch andünsten. Chili, Knoblauch, Ingwer und Limettenscheiben zugeben und kurz mit andünsten. Mais zugeben und mit der Brühe auffüllen. Aufkochen und bei mittlerer Hitze kurz köcheln lassen. Koriander waschen, trockenschütteln und hacken. Die Suppe mit Sojasauce, Salz und Pfeffer würzen. Mit dem Koriander bestreuen und servieren. Dazu Brot reichen.

Bruschetta

5 Fleischtomaten
1 Zwiebel
2 Zehen Knoblauch
5 Esslöffel Olivenöl
Salz/ Pfeffer
Basilikum
1 Stangenbrot

Zubereitung:

Tomaten waschen, vom Strunk befreien, halbieren und in kleine Würfel schneiden. Knoblauch und Zwiebel ebenfalls in kleine Würfel schneiden und zu den Tomatenstücken geben. Mit gut drei Esslöffel Öl sowie mit Salz und Pfeffer vermischen und für etwa zwei Stunden im Kühlschrank durchziehen lassen. Den Backofen auf 200 Grad vorheizen. Die Tomatenstücke aus dem Kühlschrank nehmen. Stangenbrot in fingerbreite Scheiben schneiden und mit dem restlichen Öl beträufeln. Backpapier auf ein Backofenblech legen, die Brotscheiben darauf ausbreiten und etwa 8 Minuten goldgelb überbacken. Nicht zu dunkel, sonst wird es zu hart. Die Brotscheiben aus dem Ofen holen und mit den Tomaten-Knoblauch-Zwiebel-Stückchen belegen (etwa gut einen Esslöffel Tomatenstücke pro Scheibe, je nach Geschmack) Toll für die Grillsaison, lässt sich gut vorbereiten. Ideal wenn Gäste kommen.

Bunte Hackfleischpfanne mit Reis

500 Gramm Hackfleisch
2 Paprika
200 Gramm Champignons
2 Karotten
2 Zehen Knoblauch
1 Zwiebel
2 Beutel Reis
Salz/ Pfeffer
Petersilie
Schnittlauch
Paprikapulver

Zubereitung:

Gemüse waschen und klein schneiden. Paprika und Zwiebel würfeln. Karotte und Champignons in dünne Scheiben schneiden. Öl in einer großen Pfanne erhitzen und das Hackfleisch darin anbraten. Zwiebel und Knoblauch zugeben. Karotten, Paprika und zum Schluss die Champignons zugeben. Alles je nach Geschmack mit Salz, Pfeffer und Paprikapulver würzen. Mit etwas Wasser ablöschen. Den Reis ins kochende Salzwasser geben und 15 Minuten ziehen lassen. Hackfleisch mit dem Gemüse und dem Reis in einer Pfanne verführen. Mit Petersilie und Schnittlauch bestreuen und servieren.

„Humor ist das Salz der Erde, und wer gut durchgesalzen ist, bleibt lange frisch."

Karel Capek

Camembert mit Honig-Senf Dressing

4 Camemberts
1 Salat (Rucola)
einige Cashewnüsse oder Walnüsse
1000 Gramm Cherrytomaten
Salz/ Pfeffer
2 Esslöffel Senf
8 Esslöffel Olivenöl
4 Esslöffel Apfelessig
2 Esslöffel Honig

Zubereitung:

Eine feuerfeste Ofenform mit Olivenöl bestreichen. Den Camembert vierteln und hineingeben. Die Camemberts mit Olivenöl beträufeln. Die Form für etwa 10 Minuten bei 180 Grad in den Ofen stellen und die Camemberts überbacken. Kurz bevor der Käse gratiniert die Cashews oder Walnüsse dazugeben. Während die Camemberts im Ofen sind, den Salat und das Dressing anrichten. Die Zutaten für das Dressing in einem Becher vermischen. Rucola waschen und putzen und beliebig auf einem Teller verteilen. Tomaten vierteln und darüber verteilen und das Dressing darüber geben. Den Camembert aus dem Ofen holen und mit dem Salat servieren.

„Das Trinken lernt der Mensch zuerst, viel später erst das Essen. Drum soll er auch aus Dankbarkeit das Trinken nicht vergessen."

(Johann Wolfgang von Goethe)

Cannelloni mit Spargel und Spinat

3 Gläser Spargel
20 Cannelloni
200 Gramm Blattspinat
3 Esslöffel Butter
1 gehäufter Esslöffel Mehl
0,5 Liter Milch
Salz/ Pfeffer
Muskat
175 Gramm Frischkäse
100 Gramm Käse, gerieben

Zubereitung:

Spargel gut abtropfen lassen. Spargelstangen auf die Länge der Cannelloni zurechtschneiden. Cannelloni kurz in heißes Wasser legen, damit sie formbar werden. Jeweils 3 Spargelstücke vorsichtig in die Cannelloni schieben. Den Spinat gründlich waschen, gut abtropfen und die Blätter fein hacken. 2 Esslöffel Butter in einem Topf zerlassen. Mehl mit einem Schneebesen einrühren und 2 Minuten anschwitzen. 0,5 Liter Milch einfüllen und unter ständigem Rühren zum Kochen bringen. Bei kleiner Hitze kurz köcheln lassen. Salzen, pfeffern und etwas Muskat dazu reiben. Frischkäse und Spinat untermischen. Eine Auflaufform mit der restlichen Butter einfetten. Etwas Sauce darin verteilen und die Cannelloni einschichten. Restliche Sauce darüber verteilen. Mit Käse bestreuen und im vorgeheizten Backofen bei 200 Grad etwa 45 Minuten überbacken.

Caponata

2 Auberginen
2 Esslöffel Olivenöl
6 Stangen Staudensellerie
200 Gramm Oliven
50 Gramm Rosinen
50 Gramm Pinienkerne
3 Esslöffel Kapern
3 Esslöffel Balsamico
Salz/ Pfeffer

Zubereitung:

Auberginen waschen und in kleine Würfel schneiden. Staudensellerie putzen, waschen und in feine Ringe schneiden. Rosinen in etwas warmem Wasser einweichen. In einer großen Pfanne die Hälfte des Öls erhitzen. Die Auberginen darin unter ständigem Rühren braten, bis sie weich sind. Alles in eine Schüssel füllen. Das restliche Öl in der Pfanne erhitzen. Sellerie, Oliven, abgetropfte Rosinen, Pinienkerne und Kapern hinzufügen. Alles unter Rühren braten, bis der Sellerie weich ist. Essig zugeben, kurz mit kochen lassen und alles auf die Auberginen geben. Das Ganze salzen und pfeffern, gut durchmischen und einige Stunden (am besten über Nacht) durchziehen lassen.

„Der eine hat Genuss,
der andere hat Verdruss."

(Sprichwort)

Cevapcici

1 Zwiebel
4 Knoblauchzehen
500 Gramm Rinderhackfleisch
Petersilie
Paprikapulver
Salz/ Pfeffer
1 Esslöffel Mehl

Zubereitung:

Zwiebel würfeln, Knoblauch pressen und die Petersilie fein hacken. Alle genannten Zutaten zu einer Masse verarbeiten und in 2 Zentimeter dicke und 7 Zentimeter lange Würstchen formen. Mindestens eine halbe Stunde ruhen lassen, damit das Mehl quellen kann und dem Hackfleisch etwas Festigkeit gibt. Die Cevapcici mit Olivenöl einpinseln und zirka 15 Minuten grillen oder in einer Pfanne braten. Zwischendurch immer wieder wenden. Dazu schmeckt Reis, Pommes oder einfach ein Dip.

„Liebe und Freundlichkeit sind die besten Gewürze zu allen Speisen."

(Sprichwort)

Champignon-Salat auf Räucherlachs

400 Gramm Champignons
4 Esslöffel Zitronensaft
1 Bund Frühlingszwiebeln
Petersilie
Kerbel
Estragon
4 Esslöffel Essig
Salz/ Pfeffer
Zucker
4 Esslöffel Olivenöl
1 Packung Räucherlachs

Zubereitung:

Champignons von den Stielenden befreien und mit einem Tuch abreiben. Die Pilze in dünne Scheiben schneiden und sofort mit Zitronensaft beträufeln, damit sie sich nicht verfärben. Die Frühlingszwiebeln putzen und unter fließendem kaltem Wasser waschen. Zwiebeln mit dem zarten Grün in dünne Ringe schneiden. Kräuter waschen, trockenschütteln, von den groben Stielen befreien und fein hacken. Essig mit Salz, Pfeffer und etwas Zucker verrühren. Öl teelöffelweise unterschlagen. Die Frühlingszwiebeln und die Kräuter unter die Vinaigrette mischen. Die Pilze auf Teller anrichten und mit der Vinaigrette beträufeln. Den Räucherlachs daneben geben und ebenfalls mit etwas Vinaigrette beträufeln.

Ein edler Gaumenschmaus: Champignon-Salat auf Räucherlachs.

Chili con Carne ein ideales Partyessen. Genießen Sie zusammen mit Ihren Freunden dieses scharfe Chili.

Chili con carne

500 Gramm Hackfleisch
1 Zwiebel
4 Zehen Knoblauch
4 - 6 Chilischoten
1 Paprika
Salz/ Pfeffer
2 Dosen Pizzatomaten
1 Dose Mais
1 Dose Champignons
1 Dose Kidneybohnen
halbe Tube Tomatenmark
etwas Zucker
Basilikum
Oregano

Zubereitung:

Hackfleisch in einem großen Topf krümelig anbraten. Zwiebel würfeln, Knoblauch pressen und zum Fleisch geben. Mit Salz und Pfeffer würzen. Chilis von den Kernen befreien und sehr fein schneiden. Paprika putzen, würfeln und ebenfalls zum Fleisch geben. Einige Minuten schmoren lassen. Mit den Pizzatomaten auffüllen und etwa 20 Minuten bei mittlerer Hitze köcheln lassen. Mais, Champignons und Kidneybohnen in einem Sieb gut abtropfen lassen und mit in den Topf füllen. Eine halbe Tube Tomatenmark zugeben und weitere 10 Minuten köcheln lassen. Mit Zucker, Basilikum und Oregano abschmecken. Chili con Carne lässt sich übrigens auch gut ohne Hackfleisch zubereiten. Ohne Fleisch heißt das Gericht Chili sin Carne. Fleischmenge einfach durch Gemüse ersetzen. Mit Brot servieren.

Coq au vin

2 Hähnchen
4 Zehen Knoblauch
2 Zwiebeln
4 Esslöffel Olivenöl
Rosmarin
Thymian
0,25 Liter Weißwein, trocken
Salz/ Pfeffer
Tomaten, Paprika, Zucchini (optional)

Zubereitung:

Coq au vin ist ein Nationalgericht in Frankreich und bedeutet übersetzt: Hahn in Wein. Das Hähnchen in 6 Teile zerlegen, waschen und in eine flache Auflaufform legen. Hähnchenstücke von allen Seiten mit Olivenöl einpinseln und kräftig mit Salz und Pfeffer würzen. Knoblauch pellen und die Zehen halbieren. Zwiebeln schälen und vierteln. Zwiebeln und Knoblauch zusammen mit den Kräutern um die Hähnchenstücke legen. Den Wein angießen und das Hähnchen für eineinhalb Stunde bei 200 Grad im Backofen garen. Ab und zu mit dem ausgelaufenen Saft begießen und eventuell noch Wein hinzufügen. Wer keine frischen Kräuter hat ersetzt diese durch getrocknete Kräuter der Provence. Als Variante kann man auch Rotwein nehmen und verschiedenes Gemüse dazutun.

Currygeschnetzeltes

1 Paprika
1 Esslöffel Butter
1 Esslöffel Öl
1 Becher Crème fraîche
Currypulver
500 Gramm Hühnerbrust
Schnittlauch
0,25 Liter Brühe
Zitronensaft
1 Zwiebel
Salz/ Pfeffer

Zubereitung:

Zwiebel schälen und fein hacken. Paprika putzen, waschen und in gleichgroße Stücke schneiden. Hühnerfleisch in Streifen schneiden, mit Salz und Pfeffer würzen und in wenig Öl rundum anbraten. Das Fleisch aus der Pfanne nehmen und beiseite stellen. Im Bratrückstand je einen Esslöffel Butter und Öl erhitzen und Zwiebel und Paprika darin anschwitzen. Curry einrühren, kurz rösten und mit Brühe ablöschen und aufkochen. Crème fraîche untermischen und die Sauce cremig einkochen. Mit Salz, Pfeffer und Zitronensaft würzen. Fleisch zugeben und kurz erwärmen. Schnittlauch in feine Ringe schneiden. Geschnetzeltes anrichten und mit Schnittlauch bestreut servieren. Dazu passt Reis.

Currysuppe mit Äpfeln und Hähnchenbrust

1 Zwiebel
2 Äpfel
1 Esslöffel Butter
Currypulver
0,5 Liter Brühe
2 Becher Sahne
Salz/ Pfeffer
etwas Zucker
3 Hähnchenbrüste
2 Möhren
2 Esslöffel Olivenöl
Koriander zum Garnieren

Zubereitung:

Zwiebel schälen und in kleine Würfel schneiden. Äpfel
vierteln, das Kerngehäuse entfernen und das Fruchtfleisch
in Stücke schneiden. In einem Topf die Butter zerlassen
und darin Zwiebel und Äpfel anschwitzen. Currypulver
einrühren. Hühnerbrühe und Sahne zugießen und alles
etwa 20 Minuten köcheln lassen. Die Suppe mit dem
Pürierstab mixen, durch ein feines Sieb in einen Topf
passieren und anschließend salzen, pfeffern und warm
halten. Hähnchenbrüste waschen, trockentupfen und in
Streifen schneiden. Möhren schälen und in feine Streifen
schneiden. In einer Pfanne Olivenöl erhitzen, Hähnchen
und Möhren darin kurz braten, salzen und pfeffern. Die
Suppe in vorgewärmte tiefe Teller schöpfen und die
Hähnchen und Möhrenstreifen darauf verteilen.
Currysuppe mit Koriandergrün garnieren und servieren.

Eier in Senfsauce

8 Eier
2 Esslöffel Butter
2 Esslöffel Mehl
0,25 Liter Brühe
0,25 Liter Milch
4 Esslöffel Senf
1 Esslöffel Weinessig
2 Prisen Zucker
Salz/ Pfeffer
2 Eigelbe (bei Bedarf)
Schnittlauch

Zubereitung:

Eier in etwa 6 Minuten wachsweich kochen, kalt abschrecken und pellen. Die Butter zerlassen, Mehl einrühren und leicht anbräunen. Brühe und Milch erwärmen und unter schnellem Rühren zugießen, es sollten sich keine Klümpchen bilden. Etwa 2 Minuten kräftig kochen. In die sämige Sauce den Senf einrühren, mit Essig, Zucker, Salz und Pfeffer kräftig abschmecken. Falls die Sauce nicht sämig genug ist noch zwei Eigelbe zugeben. Sauce nun nicht mehr kochen lassen. Schnittlauch in Röllchen schneiden und in die Sauce rühren. Eier längs halbieren und jeweils 2 Eier auf einen Teller legen und mit der heißen Sauce begießen. Dazu Kartoffeln und einen Salat servieren.

Filetspieße mit Apfel

600 Gramm Schweinefilet

Salbei

2 Knoblauchzehe

3 Esslöffel Öl

1 Teelöffel Salz

3 Esslöffel Calvados (oder Apfelsaft)

3 Äpfel

Salz/ Pfeffer

Öl zum Braten

0,2 Liter Brühe

Zucker

Zubereitung:

Fleisch abspülen, trockentupfen und in dünne Scheiben schneiden. Salbei abspülen, trockenschütteln und hacken. Knoblauch abziehen, zerdrücken und mit Salbei, Öl, Salz und 2 Esslöffel Calvados verrühren. Die Fleischscheiben untermischen und 30 Minuten im Kühlschrank durchziehen lassen. Äpfel abspülen, entkernen, vierteln und 3 Spalten schneiden. Apfelspalten kurz in kaltes Salzwasser tauchen und abtropfen lassen. Fleischscheiben und Apfelspalten abwechselnd auf 8 Schaschlikspieße stecken und mit dem restlichen Calvados bestreichen. Spieße in einer großen Pfanne in etwas Öl von jeder Seite 4 Minuten braun braten. Herausnehmen und abgedeckt im heißen Backofen warm halten. Restliche Apfelspalten würfeln und in der Pfanne im Bratensud ein paar Minuten schwenken. Brühe zugießen und die Soße mit Salz, Pfeffer und Zucker würzen. Sauce zu den Spießen reichen.

Filettopf

2 Zwiebeln
3 Tomaten
5 große Champignons
1 Zucchino
2 Esslöffel Öl
500 Gramm Schweinefilet
Salz/ Pfeffer
1 Teelöffel Weizenmehl
0,4 Liter Milch
1 Packung Schmelzkäse
etwas körnige Brühe
Petersilie

Zubereitung:

Zwiebeln putzen, schälen und in Würfel schneiden. Champignons mit einem Tuch abputzen und in Scheiben schneiden. Tomaten und Zucchini waschen, putzen und in feine Würfel schneiden. In einer Pfanne das Öl erhitzen. Schweinefilet in Streifen schneiden und kurz bei großer Hitze anbraten. Salzen, pfeffern und das Fleisch aus der Pfanne nehmen und bei Seite stellen. Nun in der Pfanne die Zwiebeln goldgelb andünsten. Mehl darüber geben, gut verrühren, mit der Milch auffüllen und das Ganze kurz köcheln lassen. Schmelzkäse zugeben und alles etwas einkochen. Zucchini, Champignons und Tomaten unter den Schmelzkäse rühren. Alles weitere 10 Minuten köcheln lassen. Die Filetstreifen dazu geben und erhitzen. Mit körniger Brühe und Pfeffer abschmecken. Alles zusammen in der Pfanne vermischen und mit frischer Petersilie bestreuen. Wer es würziger mag nimmt anstatt von Schmelzkäse Gorgonzola. Dazu Reis oder Nudeln servieren.

Fischfilets auf Gemüse

600 Gramm Fischfilets
1000 Gramm Gemüse wie Fenchel, Zucchini oder Paprika
1 Becher saure Sahne
1 Esslöffel Olivenöl
Salz/ Pfeffer
1 Esslöffel Senf
1 Teelöffel körnige Brühe
Saft von einer Zitrone

Zubereitung:

Backofen auf 200 Grad vorheizen. Die Fischfilets waschen und trockentupfen. Mit Zitronensaft beträufeln. Gemüse putzen und in mundgerechte Stücke schneiden. Aus Olivenöl, Salz, Pfeffer und Brühe eine Marinade anrühren und diese mit dem Gemüse vermischen. Gemüse in eine große Auflaufform geben. In den Backofen schieben und für 15 Minuten rösten, bis das Gemüse braun wird und Röstaromen entstehen. In der Zwischenzeit aus saurer Sahne, Senf, Gemüsebrühe und Zitronensaft eine Creme anrühren. Den Fisch auf das Gemüse legen und mit der Senfcreme bestreichen. Die Hitze etwas zurückschalten und das Ganze nochmals 15 Minuten im Ofen garen, bis der Fisch gar, aber nicht trocken ist. Sofort servieren.

„Gib einem Menschen einen Fisch und du ernährst ihn für einen Tag. Lehre einen Menschen zu fischen und du ernährst ihn für sein Leben."

(Konfuzius)

Fischfilet mit Kartoffelschuppen

0,5 Liter Wasser
1 Teelöffel Salz
300 Gramm Kartoffeln, festkochend
2 Esslöffel Butter
4 Fischfilets (je etwa 125 Gramm)
Weizenmehl
1 Ei
Backpapier

Zubereitung:

Wasser in einem Topf zum Kochen bringen. Salz hinzufügen. Kartoffeln schälen, in dünne Scheiben hobeln und etwa 3 Minuten im Salzwasser kochen. Die Kartoffelscheiben auf ein Sieb geben und kalt abspülen. Butter zerlassen. Ein Backblech mit Backpapier belegen und das Papier mit etwas von der Butter einfetten. Fischfilets unter fließendem, kalten Wasser abspülen, trockentupfen und mit Salz und Pfeffer würzen. Fisch auf das Backblech legen und mit Mehl bestreuen. Ei mit Hilfe einer Gabel in einem tiefen Teller verschlagen. Die Kartoffelscheiben darin wenden, schuppenförmig auf den Fisch legen, mit der restlichen Butter bepinseln und mit Salz und Pfeffer würzen. Den Fisch für etwa 45 Minuten bei 200 Grad in den Backofen schieben. Dazu passt Gemüse oder Salat.

„Auch im Genuss soll
stets die Weisheit führen."

(Voltaire)

Dieser Fisch kann sich in seinem Schuppenkleid sehen lassen.

Zwiebelsuppe ist ein Klassiker aus Frankreich und schmeckt kräftig und wunderbar würzig.

Französische Zwiebelsuppe

1000 Gramm Zwiebeln
1 Liter Gemüsebrühe
Olivenöl
1 Schuss Sherry
0,25 Liter Weißwein
Salz/ Pfeffer
1 Stangenbrot
100 Gramm Käse, gerieben

Zubereitung:

Zwiebeln schälen und in kleine Stücke schneiden. Einen Topf mit Olivenöl erhitzen und die Zwiebeln zirka 3 Minuten goldgelb anbraten. Die Gemüsebrühe und den Weißwein dazugeben und einmal aufkochen lassen. Zugedeckt bei schwacher Hitze 15 Minuten kochen lassen. Zwischenzeitlich das Stangenbrot in Scheiben schneiden und mit geriebenen Käse bestücken. Den Backofen auf 200 Grad vorheizen. Brotscheiben in den Ofen geben und für 10 Minuten überbacken, bis der Käse zerlaufen ist. Die Suppe mit einem Schuss Sherry nachwürzen und nach Belieben etwas Salz und Pfeffer zugeben und weitere 5 Minuten kochen lassen. Die Zwiebelsuppe in tiefe Teller verteilen. Die Brot-Käse Scheiben auf die Suppe geben und servieren.

„Wer nur einen Geschmack hat,
hat keinen Geschmack."

(Gotthold Ephraim Lessing)

Flammkuchen mit Ziegenkäse, Birne und Honig

Für den Teig:
200 Gramm Mehl
2 Esslöffel Öl
0,125 Liter Wasser
1 Teelöffel Salz

Für den Belag:
1 Becher Schmand
1 Zwiebel
200 Gramm Ziegenweichkäse
1 Birne
1 Esslöffel Zitronensaft
Rosmarin
2 Esslöffel Honig, flüssig

Zubereitung:

Mehl, Öl, Wasser und Salz zu einem geschmeidigen, nicht mehr klebenden Teig verarbeiten, eventuell noch etwas Mehl hinzufügen. Den Teig dünn auf einem gefetteten Backblech ausrollen. Schmand auf den Teig geben und leicht salzen. Die Zwiebel in sehr dünne Ringe schneiden und auf dem Teig verteilen. Birne vierteln, entkernen und in feine Scheiben schneiden und mit 1 Esslöffel Zitronensaft mischen und gleichmäßig auf dem Teig verteilen. Den Ziegenkäse ebenfalls in dünne Scheiben schneiden und auf den Teig legen. Die Rosmarinblättchen darüber streuen (getrockneten Rosmarin vorsichtiger dosieren). Den Flammkuchen auf höchster Stufe 15 bis 20 Minuten backen, bis der Rand schön braun ist und der Käse anfängt zu zerlaufen. Nach dem Backen den flüssigen Honig mit einem Löffel in dünnem Strahl über den Käse geben oder separat dazu reichen. Sofort heiß servieren.

Gefüllte Champignons

16 große Champignons
4 hart gekochte Eier
2 Frühlingszwiebeln
4 Scheiben Schinken
2 Esslöffel Butter
Petersilie
2 Esslöffel Gemüsebrühe, körnig
200 Gramm Käse, gerieben
Salz/ Pfeffer
Muskat

Zubereitung:

Den Ofen auf 220 Grad vorheizen. Champignons mit einem Tuch säubern und die Stiele abschneiden. Die Pilzköpfe mit einem Teelöffel aushöhlen. Die Eier in 10 Minuten hart kochen, pellen und in kleine Würfel schneiden. Die Frühlingszwiebeln waschen und in feine Ringe schneiden. Den Schinken in Würfel schneiden. Die Butter bei milder Hitze zerlassen und die ausgehöhlten Pilze damit einpinseln. Frühlingszwiebeln, Petersilie, Eier, Schinken und Gemüsebrühe mischen. Mit Salz, Pfeffer und Muskat abschmecken und den geriebenen Käse untermischen. Die Pilze mit der Masse großzügig füllen und auf ein mit Backpapier belegtes Backblech setzen. Im vorgeheizten Backofen für 15 Minuten überbacken, bis der Käse goldbraun und die Oberfläche knusprig ist.

Gefüllte Conchiglie (Muschelnudeln)

1 Zwiebel
1 Knoblauchzehe
2 Paprika
300 Gramm Hackfleisch
1 Esslöffel Olivenöl
1 Esslöffel Tomatenmark
400 Gramm Pizzatomaten
Salz/ Pfeffer
300 Gramm Conchiglie (Muschelnudeln)
Basilikum
Parmesan

Zubereitung:

Zwiebel und den Knoblauch schälen und fein würfeln. Paprikaschoten waschen, halbieren, putzen und in kleine Würfel schneiden. Das Hackfleisch in heißem Öl krümelig anbraten. Zwiebeln und Knoblauch zugeben und anschwitzen. Tomatenmark unterrühren. Die Tomaten sowie die Paprika zugeben, salzen, pfeffern und etwa 20 Minuten dicklich einkochen lassen. Die Muschelnudeln in Salzwasser bissfest kochen. Basilikum waschen, kleinzupfen und unter die Sauce mengen. Die Muschelnudeln abgießen, gut abtropfen lassen und auf Teller setzen. Jeweils einen Esslöffel Hackfleischsauce einfüllen und mit Parmesan bestreut servieren.

„Hunger ist der beste Koch."

(Sprichwort)

Gefüllte Conchiglie schmecken wie Urlaub in Italien.

Diese Lendchen-Spezialität kommt aus Spanien und wird dort mit Safranreis als fruchtiges Gästeessen serviert.

Gefüllte Lenden mit Aprikosen

2 Schweinefilets
150 Gramm Aprikosen, getrocknet
20 Gramm Ingwer, kandiert
2 Chilischoten
200 Gramm Speck
1 Esslöffel Butter
Salbei
Rosmarin

Zubereitung:

Den Backofen auf 200 Grad vorheizen. Das Fleisch von den Sehnen befreien und jedes Filet der Länge nach bis zur Hälfte einschneiden. Die Aprikosen und den Ingwer hacken. Die Chilis waschen, entkernen und sehr klein schneiden. Den Rosmarin waschen, trockentupfen, die Nadeln abstreifen und hacken. Aprikosen, Ingwer, Chili und Rosmarin vermischen. Das Fleisch aufklappen, mit der Aprikosenmischung füllen und wieder schließen. Mit dem Speck umwickeln und so mit den Speckenden nach unten in eine Auflaufform legen, so dass sich der Speck nicht lösen kann. Mit der flüssigen Butter bestreichen und im vorgeheizten Backofen 30 Minuten garen. Das Fleisch in Tranchen aufschneiden und mit Aprikosen und Salbeiblättern garnieren. Dazu Reis servieren.

„Geschmack ist die Kunst,
sich auf Kleinigkeiten zu verstehen."

(Jean-Jacques Rousseau)

Gefüllte Spitzpaprika

10 Pfefferkörner
3 Teelöffel Salz
1 Esslöffel Zucker
5 Esslöffel Essig
2 Liter Wasser
8 Spitzpaprika
300 Gramm Ziegenkäse
2 Becher Schmand
4 Knoblauchzehen
Schnittlauch
Salz/ Pfeffer

Zubereitung:

Pfefferkörner, Salz, Zucker, Essig und Wasser in einem Topf zum Kochen bringen. In der Zwischenzeit die Deckel der Paprikas entfernen und vorsichtig mit einem Messer die Kerne herausschneiden. Sobald das Wasser kocht, die Paprikas in diesen Sud legen, noch einmal kurz aufkochen und kurz köcheln lassen. Für die Füllung den Ziegenkäse mit dem Schmand mischen. Die Knoblauchzehen schälen und pressen. Schnittlauch klein schneiden. Schnittlauch und Knoblauch ebenfalls unter die Käsemischung mengen. Mit Salz und Pfeffer abschmecken. Die abgekühlten Paprikas vorsichtig mit einem kleinen Löffel oder einem Spritzbeutel mit der Käsemasse füllen. Da die Paprikas noch leicht warm sind schmilzt der Käse beim Einfüllen etwas und die Paprikas lassen sich dadurch besser füllen. Gefüllte Spitzpaprika schmecken pikant und können als kleine Vorspeise oder Snack zu einem Glas Rotwein und Brot serviert werden.

Gefüllte Tomaten mit Thunfisch

8 Tomaten
Salz/ Pfeffer
200 Gramm Thunfischfilets (im eigenen Saft)
200 Gramm Magerquark
1 Teelöffel abgeriebene Zitronenschale
2 Esslöffel Zitronensaft
2 Esslöffel Kapern
Basilikum

Zubereitung:

Tomaten waschen und abtrocknen. Jeweils einen Deckel abschneiden und das Fruchtfleisch mit einem Teelöffel herauslösen. Tomaten innen leicht salzen und pfeffern. Den Thunfisch abtropfen lassen und etwas zerpflücken. Thunfisch mit Quark, Zitronenschale und mit einem Teelöffel Zitronensaft cremig pürieren. Falls die Konsistenz zu fest ist, ein wenig Wasser hinzufügen. Die Kapern abtropfen lassen und hacken. Basilikum waschen, trockenschütteln, die Blättchen vom Stiel zupfen und in feine Streifen schneiden. Kapern und Basilikum unter die Thunfischmasse rühren. Die Füllung mit Salz, Pfeffer und restlichem Zitronensaft abschmecken. Die Thunfischmasse in die ausgehöhlten Tomaten füllen und die Deckel schräg aufsetzen. Möglichst frisch genießen.

„Es gibt niemanden der nicht isst und trinkt, aber nur wenige, die den Geschmack zu schätzen wissen."

(Konfuzius)

Gefüllte Zwiebeln

125 Gramm Langkornreis
Salz/ Pfeffer
8 Zwiebeln
200 Gramm Tomaten
Minze
Petersilie
4 Knoblauchzehen
100 Gramm Schafskäse
1 Teelöffel Tomatenmark
2 Eier
Kümmel
Paprikapulver
Zimt
4 Esslöffel Olivenöl
4 Esslöffel Parmesan, gerieben
4 Esslöffel Semmelbrösel

Zubereitung:

Reis mit Wasser und Salz zum Kochen bringen. Den Deckel auflegen, die Hitze klein stellen und den Reis etwa 15 Minuten quellen lassen. Zwischenzeitlich die Zwiebeln schälen. In einem Topf Salzwasser zum Kochen bringen, die Zwiebeln einlegen und etwa 20 Minuten kochen lassen. Abtropfen und abkühlen lassen. Tomaten heiß überbrühen, häuten, Stielansätze wegschneiden und sehr klein würfeln. Kräuter abbrausen, trockenschütteln und fein hacken. Knoblauch schälen und sehr fein schneiden. Schafkäse in Stückchen krümeln. Von den Zwiebeln einen kleinen Deckel abschneiden. Zwiebeln bis auf 3 Schichten aushöhlen. Das ausgehöhlte Zwiebelfleisch fein würfeln und zur Füllmasse geben. Den Backofen auf 180 Grad vorheizen. Reis mit den Tomaten, dem Tomatenmark, Paprikapulver und Kümmel abschmecken. Reismischung in die Zwiebeln füllen. Zwiebeln nebeneinander in eine Form stellen und die restliche Füllung in der Form verteilen. Käse mit Bröseln mischen und auf die Zwiebeln streuen. Übriges Öl darüber träufeln. Die Zwiebeln im Ofen bei 160 Grad für 40 Minuten goldgelb überbacken.

Gemüsezwiebeln lassen sich prima füllen und zum würzen alleine wäre diese Lauchgattung auch fast zu schade.

„Das Essen soll zuerst das Auge erfreuen, dann erst den Magen."

(Johann Wolfgang von Goethe)

Gemischtes Wok-Gemüse

2 Möhren
1 Zwiebel
2 Paprika
2 Zucchini
1 Aubergine
500 Gramm Champignons
4 Esslöffel Sojasauce
Salz/ Pfeffer
1 Spritzer Zitronensaft
Rosmarin
Schnittlauch

Zubereitung:

Möhren schälen und in Ringe schneiden. Zwiebel pellen und vierteln. Paprika putzen, Kerne und weiße Wände entfernen und in kleine Stücke schneiden. Zucchini und Aubergine waschen, die Ende abschneiden und das Gemüse vierteln. Champignons mit einem Tuch abputzen, die Stielenden kürzen und die Pilze in Scheiben schneiden. Im Wok Öl erhitzen und erst die Möhren und Zwiebeln andünsten. Nach und nach restliches Gemüse dazugeben und sanft garen. Mit Salz, Pfeffer, und Kräuter würzen und die Sojasauce und Kräuter untermischen. Dazu Reis, Nudeln oder einfach Brot reichen.

„Wenn du erkennst, dass es dir an nichts fehlt, gehört dir die ganze Welt."

(Laotse)

Gemüseeintopf mit Kokosmilch

2 Esslöffel Öl
200 Gramm Lauch
200 Gramm Möhren
1 Knollensellerie
200 Gramm Rosenkohl
1 Paprika
2 Kartoffeln
1 Zwiebel
4 Zehen Knoblauch
20 Gramm Ingwer, frisch
1 Liter Brühe
1 Dose Kokosmilch
Currypulver
Salz/ Pfeffer
2 Chilischoten, optional

Zubereitung:

Lauch waschen und in fingerbreite Ringe schneiden. Möhren, Sellerie und Kartoffel schälen und in Würfel schneiden. Paprika waschen und ebenfalls in Würfel schneiden. Zwiebeln und Ingwer schälen und sehr fein zerkleinern. Knoblauch durch die Knoblauchpresse drücken. In einem hohen Topf etwas Öl erhitzen, Zwiebeln und Knoblauch dünsten, Ingwer und Currypulver dazugeben und kurz rösten. Mit Gemüsebrühe und Kokosmilch ablöschen und Hitze reduzieren. Das klein gewürfelte Gemüse und den Rosenkohl in die Suppe geben und zugedeckt bei mittlerer Hitze 20 Minuten köcheln lassen. Suppe mit Salz und Pfeffer abschmecken. Hot-Tipp: Klein geschnittene Chilischoten darunter mischen.

Griechisches Bifteki

1 Zwiebel
3 Esslöffel Olivenöl
500 Gramm Hackfleisch
2 Eier
1 Brötchen oder Semmelbrösel
Petersilie
Oregano
3 Knoblauchzehen
Zimt
Piment
Salz/ Pfeffer
200 Gramm Schafskäse

Zubereitung:

Brötchen in Wasser einweichen. Einen Esslöffel Olivenöl in einer Pfanne erhitzen und die Zwiebel darin glasig anbraten und abkühlen lassen. Brötchen gut ausdrücken und gut zerkleinern. Hackfleisch, Eier, Brötchen und Petersilie in einer Schüssel vermischen. Oregano, Knoblauch, Zimt, Piment, Salz und Pfeffer und die abgekühlte Zwiebel ebenfalls zugeben und alles zu einem Fleischteig vermengen. Fleischmasse zu 8 gleich großen Frikadellen formen. Je 50 Gramm des Schafskäses auf 4 Frikadellen legen und mit einer zweiten Frikadelle bedecken. Die Ränder zusammendrücken. Das restliche Olivenöl in der Pfanne erhitzen und die Bifteki auf jeder Seite goldig braun braten. Dazu schmeckt Salat.

Grünkohleintopf mit Mettwurst

1 Beutel Grünkohl
Salz/ Pfeffer
2 Zwiebeln
2 Knoblauchzehen
2 Esslöffel Butterschmalz
3 Esslöffel Gemüsebrühe
750 Gramm Kartoffeln
4 Mettwürste
2 Esslöffel Senfkörner oder Senf
Muskat
1 Prise Zucker
Haferflocken

Zubereitung:

Zwiebeln und Knoblauch schälen und würfeln. Butterschmalz in einem Topf erhitzen. Zwiebeln und Knoblauch darin anbraten. Grünkohl zugeben und 1,5 Liter Wasser zugießen. Aufkochen und Brühe einrühren. Zugedeckt eine Stunde kochen. Kartoffeln schälen, waschen und in Würfel schneiden. Mettwürste in Scheiben schneiden und mit den Kartoffeln etwa 30 Minuten vor Ende der Garzeit zum Grünkohl geben und weiter garen. Senfkörner in einer Pfanne ohne Fett kurz rösten und zugeben. Grünkohl mit Salz, Pfeffer, Muskat und Zucker abschmecken. Wenn der Eintopf etwas dünnflüssig ist, einfach zwei Esslöffel Haferflocken zugeben.

Gulaschsuppe

2 Esslöffel Öl
500 Gramm Gulaschfleisch vom Rind
1 Zwiebel
2 Zehen Knoblauch
2 Kartoffeln
3 Paprika
1 Dose Champignons
2 Dosen Pizzatomaten
0,6 Liter Brühe
Paprikapulver
2 Chilischoten
Petersilie
Salz/ Pfeffer

Zubereitung:

Zwiebel und den Knoblauch schälen und in feine Würfel schneiden. Das Gulaschfleisch in kleine Würfel schneiden. Etwas Öl in einem Topf erhitzen und zuerst die Zwiebel und Knoblauchwürfel andünsten. Das Fleisch hinzufügen und mit anbraten. Mit Paprikapulver, Chili, Salz und Pfeffer würzen. In der Zwischenzeit die Paprikaschoten waschen und in kleine Würfel schneiden. Die Kartoffeln schälen und ebenfalls würfeln. Sobald das Fleisch gut angebraten ist, die Rinderbrühe aufgießen und eine Stunde köcheln lassen. Zur Hälfte der Garzeit die Paprikawürfel, Kartoffelwürfel und die Pizzatomaten hinzufügen, gut durchmischen und weiter köcheln lassen. Die Suppe nochmal abschmecken und die fein gehackte Petersilie untermischen.

Gyros in Metaxasauce

2 Paprika
200 Gramm Pilze
500 Gramm Schweinefleisch, geschnetzeltes
1 Beutel Käse, gerieben
2 Zucchinis
2 Teelöffel gekörnte Brühe
1 Esslöffel Mehl
2 Schnapsgläser Metaxa oder Weinbrand
1 Becher Schmand
2 Esslöffel Tomatenmark
Gyros Gewürzmischung
1 Zwiebel
Fett für die Form

Zubereitung:

Paprikaschoten entkernen und in feine Streifen schneiden. Zwiebeln schälen und in Scheiben schneiden. Die Pilze ebenfalls in kleine Scheiben und die Zucchini in Würfel schneiden. Öl in der Pfanne erhitzen und das Fleisch portionsweise kräftig darin anbraten. Gemüse zufügen und alles fünf Minuten braten. Für die Metaxasauce zunächst 0,2 Liter Wasser erhitzen, die Gemüsebrühe darin auflösen und 1 Esslöffel Mehl einrühren. Sauce einmal kurz aufkochen. Metaxa, Schmand, Tomatenmark und Gyrosgewürz zufügen und die Sauce nochmals unter Rühren aufkochen lassen. Eine Auflaufform einfetten und die Fleisch-Gemüse-Mischung hineingeben. Die fertige Sauce über das Gericht gießen und den geriebenen Käse gleichmäßig auf der Sauce verteilen. Das fertige Gyrosgericht bei 200 Grad eine halbe Stunde lang im Backofen überbacken. Dazu Reis oder Brot reichen.

Griechisches Gyros gehört zu den beliebtesten Gerichten in Deutschland.

Gyros – Schichtsalat wird im Glas besonders hübsch serviert.

Gyros – Schichtsalat

Für den Salat:
1 Eisbergsalat
500 Gramm Gyros
1 Zwiebel
2 Paprika
1 Dose Mais
250 Gramm Cocktailtomaten
250 Gramm Salat
nach Belieben Peperoni

Für das Dressing:
250 Gramm Magerquark
1 kleiner Becher Joghurt
1 Esslöffel Ajvar
1 Spritzer Süßstoff
2 Zehen Knoblauch
4 Esslöffel Milch
Salz/ Pfeffer
2 Esslöffel Öl

Zubereitung:

Gyros ohne Fett in einer beschichteten Pfanne braten und mit Gyros-Gewürz würzen und abkühlen lassen. Währenddessen die Salatzutaten putzen und in mundgerechte Stücke schneiden. Die Zutaten für das Dressing zu einer dickflüssigen Creme verrühren und pikant abschmecken. Abwechselnd Gyros, Salat und Dressing in vier größere Gläser schichten und mit Brot servieren.

Hackbällchen im Speckmantel

500 Gramm Hackfleisch
400 Gramm Frühstücksspeck
1 Zwiebel
2 Esslöffel Senf
2 Esslöffel Tomatenmark
1 Ei
Salz/ Pfeffer

Zubereitung:

Zwiebel schälen und fein hacken. Das Hackfleisch mit allen Zutaten (außer dem Speck) gut vermengen. Aus der Hackfleischmasse etwa 12 gleichgroße Bällchen formen. Papiermuffinformen oder ein Muffinblech bereitstellen. Jeweils zwei Speckscheiben kreuzweise übereinander legen, je ein Hackbällchen in die Mitte setzen und die vier Speckenden über dem Bällchen zusammenlegen. Die Speck-Hack-Bällchen mit der Specknaht nach unten in die Papierförmchen setzen. Im vorgeheizten Backofen bei 180 Grad für 30 bis 40 Minuten goldbraun backen. Dazu Salat reichen.

„Wer nicht genießt,
wird ungenießbar."

(Johann Christoph Friedrich von Schiller)

Hackfleisch - Käse - Kroketten

2 Zwiebeln
600 Gramm Hackfleisch
Semmelbrösel
2 Eier
250 Gramm Käse, gerieben
Paprikapulver
Salz/ Pfeffer

Zum Panieren:
Mehl
2 Eier
Semmelbrösel
Öl zum Braten

Zubereitung:

Zwiebel klein würfeln. Hackfleisch, etwas Paniermehl, Ei, Käse, Salz, Pfeffer und Paprikapulver vermischen. Aus der Fleischmasse gut daumengroße, zirka 7 Zentimeter lange Würste formen. Für 30 Minuten in den Kühlschrank stellen. Herausnehmen und jeweils eine Fleisch-Käse-Krokette in Mehl, Ei und Semmelbrösel panieren und in Öl ausbraten. Auf Küchenkrepp abtropfen lassen und mit Salat servieren.

„Das Kochen ist schon der Gesundheit wegen nicht als Nebensache zu betrachten."

(Henriette Davidis)

Hähnchenbrust Caprese

4 Hühnerbrüste
4 Tomaten
2 Kugeln Mozzarella
Basilikum
Salz/ Pfeffer
Fett, zum Braten

Zubereitung:

Hähnchenbrüste mit Salz und Pfeffer würzen und von allen Seiten goldbraun abraten. Tomaten und Mozzarella in Scheiben schneiden. Die Hähnchenbrüste in eine Auflaufform legen, die Tomatenscheiben und den Mozzarella darauf verteilen. Mit Salz, Pfeffer und Basilikum bestreuen und im Ofen bei etwa 200 Grad gut 10 Minuten überbacken, bis der Käse zerlaufen ist. Mit einem Salat servieren.

„Der Bauch lässt sich nicht mit Worten abspeisen."

(Sprichwort)

Hähnchenbrust Tempura

4 Hähnchenbrustfilets
2 Tassen Tempuramehl
2 Eier
2 Tassen Wasser
1 Esslöffel Wehrmut (optional)
Salz/ Pfeffer
Mehl
Fett

Zubereitung:

Eine Tasse Tempuramehl mit einem Ei und einer Tasse Wasser mit einem Schneebesen verquirlen, bis keine Klümpchen mehr da sind. Mit etwas Pfeffer, Salz, Koriander würzen und nochmals verquirlen. Den Tempurateig etwas ruhen lassen. Fleisch waschen, trockentupfen und in schmale, fingerbreite Streifen schneiden. Fett einige Zentimeter hoch in einer Pfanne erhitzen. Die Hähnchenbruststreifen kurz in Mehl wenden und ganz in den Tempurateig tauchen und in das siedende Fett legen. Mehrfach wenden, bis die Hähnchenstreifen rundherum goldbraun sind. Das Fett abtropfen lassen. Die Hähnchenbruststreifen in einer Form im Ofen bei 70 Grad warm halten.

Hähnchenspieße in Joghurtmarinade

400 Gramm Hähnchenbrustfilets
150 Gramm Joghurt
Minze
Oregano
Saft und Schalenabrieb von einer Zitrone
1 Esslöffel Olivenöl
2 Zucchini
Salz/ Pfeffer

Zubereitung:

Hähnchenbrustfilets abwaschen, trockentupfen und in mundgerechte Stücke schneiden. Die Kräuter abwaschen, trocknen und die Blätter von den Stielen zupfen. Für die Marinade Joghurt, Kräuter, Zitronensaft, Zitronenschale und Öl zu einer glatten Masse rühren. Die Marinade in eine Schüssel oder einem verschließbaren Gefrierbeutel geben und die Hähnchenstücke hineingeben. Alles gut vermischen und für mindestens vier Stunden im Kühlschrank durchziehen lassen. Die Zucchini waschen, die Enden abschneiden und in mundgerechte Scheiben schneiden. Die Hähnchenstücke aus der Marinade nehmen und abwechselnd mit den Zucchinischeiben auf Spieße stecken. Salzen, pfeffern und für etwa 10 Minuten auf den Grill legen und gelegentlich wenden.

Hühnerfrikassee

600 Gramm Hühnerbrust
0,5 Liter Hühnerbrühe
1 Esslöffel Butter
2 Esslöffel Mehl
2 Esslöffel Sahne
1 kleines Glas Spargel
1 kleine Dose Champignons
1 kleine Dose Erbsen und Möhren
1 Teelöffel Kapern
Salz/ Pfeffer
Zucker
Zitronensaft
1 Ei, davon das Eigelb

Zubereitung:

Hühnerbrüste etwa 20 Minuten in der Hühnerbrühe kochen. Herausnehmen, abkühlen lassen und in Würfel schneiden. Aus Butter und Mehl eine Schwitze bereiten und mit etwas von der Hühnerbrühe ablöschen, damit eine sämige Sauce entsteht. Eigelb und Sahne verrühren und unter die Sauce geben. Vielleicht etwas Brühe nachgießen. Hühnerbrüste mit den anderen Zutaten vorsichtig unterheben, alles gut erhitzen und mit den Gewürzen abschmecken. Dazu Reis servieren.

„Essen ist ein Bedürfnis, genießen eine Kunst."

(François de La Rochefoucauld)

Israelisches Tomaten-Shakshuka

2 Knoblauchzehen
3 Esslöffel Olivenöl
2 Dosen Pizzatomaten
1 Teelöffel Paprikapulver
Kümmel
1 Dose Mais
2 Esslöffel Tomatenmark
Salz/ Pfeffer
Zucker
8 Eier
Petersilie

Zubereitung:

Knoblauch schälen und fein hacken. Öl in einer großen Pfanne erhitzen. Knoblauch darin anbraten. Pizzatomaten zugeben und verrühren. Paprika und Kümmel zugeben und alles bei kleiner Hitze etwa 15 Minuten köcheln lassen. Mais abgießen. Tomatenmark und Mais zu den Tomaten geben und zugedeckt weitere 5 Minuten köcheln lassen. Sauce mit Salz, Pfeffer und Zucker abschmecken. Eier in eine Schale aufschlagen und vorsichtig in die Pfanne gleiten lassen. Deckel auflegen und die Eier bei geringer Hitze zirka 6 Minuten stocken lassen. Petersilie waschen, trockenschütteln und grob hacken. Shakshuka mit Petersilie bestreut servieren. Dazu Brot reichen.

Kartoffelsalat

1000 Gramm Kartoffeln, festkochend
1 Zwiebel
2 Eier
1 Stange Lauch
Salz/ Pfeffer
Petersilie oder Schnittlauch
1 Dose Ananas
10 Gewürzgurken
1 kleine Dose Mais
1 Glas Mayonnaise

Zubereitung:

Kartoffeln und Eier mit Wasser aufsetzen und garen. Inzwischen die Gurken abtropfen lassen und in Würfel schneiden, Gurkenflüssigkeit auffangen und in eine Schüssel geben. Öl, Gewürze, sowie die Gurkenwürfel zufügen. Zwiebel pellen, würfeln und zufügen. Mais und Ananas abtropfen lassen und ebenfalls in die Schüssel geben. Lauch in Ringe schneiden und hinzufügen. Die gegarten Kartoffeln und Eier etwas ausdampfen lassen, pellen und in Scheiben geschnitten hinzugeben und unterheben. Mit Salz, Pfeffer und Schnittlauch gut würzen. Kartoffelsalat im Kühlschrank über Nacht durchziehen lassen. Vor dem Servieren nachwürzen.

„Lorbeer macht nicht satt, besser dran ist, wer Kartoffeln hat."

(Weisheit)

Kasseler - Rosenkohl – Auflauf

1000 Gramm Kartoffeln
750 Gramm Rosenkohl
Salz/ Pfeffer
Muskat
500 Gramm Kasseler
1 Esslöffel Öl
100 Gramm Käse, gerieben
2 Esslöffel Butter
2 Esslöffel Mehl
0,1 Liter Sahne
0,3 Liter Milch
Petersilie
Butter

Zubereitung:

Kartoffeln schälen, waschen und 20 Minuten kochen. Abkühlen lassen und in Scheiben schneiden. Rosenkohl putzen, waschen und in Salzwasser 15 Minuten kochen. Abgießen. Kasseler auslösen, waschen, trockentupfen und würfeln. Kasseler im heißen Öl kurz anbraten und mit 0,25 Liter Wasser ablöschen. Einige Minuten köcheln lassen. Käse reiben. Zwiebel schälen und hacken. Fett erhitzen, Zwiebel darin rösten. Mehl mit anschwitzen. Sahne, Milch und Kasselerbrühe einrühren. Aufkochen und die Hälfte des Käses darin schmelzen. Abschmecken! Kartoffeln, Rosenkohl und Kasseler in eine gefettete, feuerfeste Form füllen. Sauce darüber verteilen. Mit restlichem Käse bestreuen und im vorgeheizten Backofen bei 200 Grad für 20 Minuten backen. Petersilie waschen, trockenschütteln, hacken und den Auflauf damit bestreuen.

Kohlrabi – Fischtopf

1 Zwiebel
2 Esslöffel Olivenöl
2 Kohlrabis
0,8 Liter Brühe
600 Gramm Kabeljaufilet
1 Zitrone
0,2 Liter Sahne oder
1 Becher Schmelzkäse
Salz/ Pfeffer
Dill

Zubereitung:

Zwiebel schälen und fein hacken. Kohlrabi schälen und würfeln. Olivenöl in einer Pfanne erhitzen. Zwiebel, Knoblauch und Kohlrabi darin bei mittlerer Hitze 5 Minuten andünsten. Brühe zugießen und 10 Minuten bei mittlerer Hitze köcheln lassen. Inzwischen den Fisch abspülen und mit Küchenpapier trockentupfen. Zitrone halbieren, auspressen und etwa die Hälfte davon über den Fisch träufeln. Fisch zum Gemüse geben und mit Sahne auffüllen. Salzen, pfeffern und alles zugedeckt etwa weitere 10 Minuten bei mittlerer Hitze garen. Inzwischen den Dill waschen, trockenschütteln, die Fähnchen von den Stielen zupfen und fein hacken. Fischpfanne mit restlichem Zitronensaft abschmecken und mit Dill bestreut servieren. Wer mag serviert Kartoffeln, Reis, Nudel oder einfach Brot dazu.

Kohlrabischnitzel mit Pilzsauce

4 Kohlrabis
1000 Gramm Pilze
2 Zwiebeln
8 Esslöffel Rapsöl
2 Eier
6 Esslöffel Mehl
Semmelbrösel
1 Becher Schmand
Muskat

Zubereitung:

Kohlrabi putzen und die Blätter zur Seite legen. Kohlrabi quer in fingerbreite Scheiben schneiden. In einem Topf Salzwasser aufkochen. Kohlrabischeiben darin zugedeckt bissfest garen. Herausnehmen und abtropfen lassen. Die Garflüssigkeit für die Sauce aufbewahren. Inzwischen die Pilze säubern und vierteln oder halbieren. Zwiebeln und Kohlrabigrün hacken. In einer Pfanne die Zwiebeln in Öl glasig dünsten. Pilze zugeben, salzen, pfeffern und unter rühren 5 Minuten anbraten. Gehackte Kohlrabiblätter zugeben, andünsten und mit dem Kohlrabiwasser ablöschen. 2 Eier mit 2 Esslöffel Wasser verquirlen, je einen tiefen Teller mit Mehl und Semmelbrösel bereitstellen. Die Kohlrabischeiben im Mehl wenden, dann mit Ei und zum Schluss in Semmelbrösel baden. Eine Pfanne mit Öl gut bedecken, erhitzen und die Kohlrabi darin von beiden Seiten bei mittlerer Hitze goldgelb braten. Die Pilze nochmals erhitzen, mit Schmand, Salz, Pfeffer und Muskat abschmecken und zu den Kohlrabischnitzel reichen.

Kohlrouladen

2 Brötchen, vom Vortag
Salz/ Pfeffer
Kümmel
1 Weißkohl
3 Zwiebeln
1 Esslöffel Butter
2 Eier
500 Gramm Hackfleisch
Majoran
Thymian
Kümmel
Paprikapulver
1 Möhre
60 Gramm Speck
3 Esslöffel Butter
1 Esslöffel Mehl
Küchengarn

Zubereitung:

Brötchen in heißem Wasser einweichen und gut ausdrücken. In einem großen Topf Salzwasser mit Kümmel zum Kochen bringen. Den Weißkohl putzen, den Strunk tief herausschneiden. Weißkohl im kochenden Wasser blanchieren und nach und nach die äußeren Blätter ablösen. Zwiebel schälen, klein würfeln und in der Butter andünsten. Zwiebelwürfel, Brötchen und Eier unter das Hackfleisch vermengen. Kräftig mit Salz, Pfeffer und den übrigen Gewürzen abschmecken. 8 große Kohlblätter auf der Arbeitsfläche auslegen, auf jedes große 2 bis 3 kleinere legen. Jeweils 2 Esslöffel Hackmasse darauf geben, die Blätter von den Seiten über die Füllung schlagen, fest aufrollen und mit Küchengarn fixieren. Möhre schälen und in Scheiben schneiden, die restlichen

Zwiebeln schälen und vierteln. Den Speck in Scheiben schneiden, etwas von dem restlichen Kohl in Streifen schneiden. Den Backofen auf 200 Grad vorheizen. In einem großen Bräter Schmalz erhitzen und die Kohlrouladen darin von allen Seiten kräftig anbraten. Speck, Zwiebeln, Möhren und Kohl dazugeben und kurz schmoren lassen. 0,5 Liter Kochwasser zugießen. Zugedeckt im Ofen 50 Minuten schmoren lassen. Mehl mit 3 Esslöffeln Wasser verquirlen, unter die Sauce rühren und kurz aufkochen lassen.

Kohlrouladen sind wahrlich umwickelte Vitaminbomben.

„Die Sauce ist der Triumph des Geschmacks in der Kochkunst."

(Honoré de Balzac)

Kürbis – Kartoffelpuffer

400 Gramm Hokkaido-Kürbis
400 Gramm Kartoffeln
1 Zwiebel
1 Ei
Kürbiskerne
3 Esslöffel Stärke
Butter
Salz/ Pfeffer
Muskat

Zubereitung:

Die Schale vom Hokkaido-Kürbis kann man essen und muss daher nicht entfernt werden. Das Kürbisfleisch mit dem Gemüsehobel raspeln. Kartoffeln schälen und ebenfalls raspeln. Zwiebel häuten und fein hacken. Beides mit dem Kürbis vermengen. Die Kürbiskerne unterheben. Ei dazu geben und die Stärke darüber verteilen. Mit Salz, Pfeffer und Muskat würzen. Alles gut miteinander vermischen. Kurz ziehen lassen. In einer Pfanne Butter erhitzen. Mit einem Löffel das Kürbis-Kartoffel-Gemisch in Form von kleinen Küchlein in das Fett geben und knusprig braten. Auf Küchenkrepp legen, damit das Fett etwas aufgesaugt wird. Dazu schmeckt Kräuterquark.

„Allem kann ich widerstehen, nur der Versuchung nicht."

(Oscar Wilde)

Kürbissuppe mit Chili und Kokosmilch

500 Gramm Hokkaidokürbis
1 Bund Frühlingszwiebeln
2 Zehen Knoblauch
20 Gramm Ingwer
2 Chilischoten
2 Esslöffel Butter
0,4 Liter Kokosmilch
Salz/ Pfeffer

Zubereitung:

Den Hokkaidokürbis entkernen und nach Wunsch schälen.
Die Schale kann mitgegessen werden. Das Kürbisfleisch in
etwa 4 Zentimeter große Stücke schneiden. Die
Frühlingszwiebeln waschen, Enden abschneiden und in
feine Ringe schneiden. Knoblauch und Ingwer schälen und
in kleine Würfel schneiden. Eine Chilischote waschen,
entkernen, den Stiel abschneiden und fein hacken. In
einem Topf die Butter bei geringer Temperatur schmelzen
lassen. Die Frühlingszwiebeln, Knoblauch, Ingwer und
Chili hinzugeben und kurz anschwitzen. Den Kürbis und
die Kokosmilch mit in den Topf geben. Eine halbe Stunde
köcheln lassen. Mit einem Mixer die Suppe fein pürieren
und mit Salz und Pfeffer abschmecken. Je nach
Schärfewunsch die zweite Chilischote waschen,
entkernen, den Stiel entfernen, in Streifen schneiden und
als Garnitur verwenden.

Lachs - Spinat – Rolle

250 Gramm Blattspinat (TK)
4 Eigelb
4 Eiweiß
Salz/ Pfeffer
Muskat
Für die Füllung:
300 Gramm Frischkäse
Dill
Petersilie
1 Teelöffel Zitronensaft
Salz/ Pfeffer
300 Gramm Lachs, geräuchert

Zubereitung:

Ein Backblech mit Backpapier auslegen. Ofen auf 200 Grad vorheizen, Spinat auftauen und mit Eigelb und Gewürzen abschmecken und mit dem Stabmixer pürieren. Geschlagenes Eiweiß unterheben, auf das Backblech streichen und 15 bis 20 Minuten backen. Teigplatte auf ein frisches Backpapier stürzen, Papier abziehen, aufrollen und erkalten lassen. Frischkäse mit Kräutern, Gewürzen und Zitronensaft verrühren. Teigrolle ausrollen und mit der Käsemasse bestreichen. Mit Lachs belegen, aufrollen und kalt stellen. Vor dem Servieren in Scheiben schneiden (am besten mit einem elektrischen Messer). Dazu Brot und Sahnemeerrettich servieren.

Mexikanische Ofenkartoffeln

5 große Kartoffeln
2 Zwiebeln
2 Knoblauchzehen
1 Esslöffel Öl
500 Gramm Hackfleisch
2 Esslöffel Tomatenmark
1 Dose Pizzatomaten
100 Gramm Käse, gerieben
1 Becher Schmand
Salz/ Pfeffer
2 Chilischoten
Petersilie

Zubereitung:

Kartoffeln waschen und ungeschält 20 Minuten kochen. Zwiebeln und Knoblauch schälen und würfeln. Hackfleisch in heißem Öl krümelig anbraten. Zwiebeln und Knoblauch zugeben und mit anbraten. Tomatenmark dazugeben und kurz anschwitzen. Mit Salz und Pfeffer würzen. Pizzatomaten dazugeben und unter gelegentlichem Rühren alles weitere 10 Minuten köcheln lassen. Mit Chili, Salz und Pfeffer würzen. Die Kartoffeln pellen, in Scheiben schneiden und in eine Auflaufform oder Muffinform legen. Die Hacksauce auf die Kartoffeln verteilen. Die Hälfte vom Käse mit dem Schmand verrühren. Ebenfalls auf die Kartoffeln verteilen. Den restlichen Käse darüber streuen und im vorgeheizten Backofen bei 200 Grad für 20 Minuten überbacken. Dazu Salat reichen.

Mini-Quiches vom Muffinblech

Für den Teig:
125 Gramm Butter
125 Gramm Quark
200 Gramm Mehl
1 Teelöffel Salz

Für den Belag:
1 Paprika
1 Zwiebel
1 Stange Porree
2 Tomaten
50 Gramm Schinken
Für den Guss:
1 Becher Schmand
1 Ei
50 Gramm Käse, gerieben
Paprikapulver
Salz/ Pfeffer
Oregano

Zubereitung:

Mehl, Quark, Butter und Salz in eine Schüssel geben und zu einem Teig verarbeiten, entweder mit der Küchenmaschine oder mit den Händen. Den fertigen Teig in Folie wickeln und 30 Minuten im Kühlschrank kühlen. Muffinform einfetten. Den Teig ausrollen und mit einer Tasse Kreise ausstechen. Semmelbrösel in die Muffinform streuen und mit den Teigkreisen die Form auskleiden. Paprika, Zwiebel, Porree, Tomaten und Schinken waschen, würfeln und in die Förmchen geben. Mit Eier-Sahne Guss auffüllen. Im Ofen bei 180 Grad etwa 30 bis 40 Minuten backen, bis die Füllung gestockt ist und der Teig goldgelb ist.

Möhrenspaghetti mit Petersiliensauce

Für die Sauce:
1 Zwiebel
1 Esslöffel Sonnenblumenöl
0,25 Liter Brühe
1 Becher Sahne
Petersilie
Zitronensaft
Salz/ Pfeffer

Für die Nudeln:
1000 Gramm Möhren
2 Esslöffel Butter

Zubereitung:

Zwiebel schälen und in kleine Würfel schneiden. Öl in einem Topf erhitzen und die Zwiebeln darin glasig andünsten, die Sahne und die Brühe angießen, bei geringer Hitze köcheln lassen, bis die Flüssigkeit einreduziert ist. Die Petersilie waschen, trockenschütteln, die Blättchen abzupfen und in die Sauce geben und pürieren. Mit Salz, Pfeffer und Zitronensaft abschmecken. Die Möhren waschen, putzen, schälen und auf einer Reibe längst in lange, dünne Streifen raspeln. Reichlich Salzwasser zum Kochen bringen und die Möhren darin 2 Minuten bissfest garen. Die Butter in einer Pfanne erhitzen, die Möhrenstreifen kurz darin wenden und mit Salz würzen. Die Sauce auf Teller anrichten und die Möhrenstreifen darauf setzen.

Auf diese Art lassen sich aus vielen Gemüsesorten Spaghetti zubereiten.

Möhreneintopf ist gesund und schmeckt kleinen und großen Menschen.

Möhreneintopf

500 Gramm Hackfleisch
Salz/Pfeffer
8 Möhren
8 Kartoffeln
0,75 Liter Brühe
0,25 Liter Möhrensaft
2 Esslöffel Zucker oder Honig
Petersilie oder Schnittlauch

Zubereitung:

Gehacktes krümelig anbraten und mit Salz und Pfeffer würzen. Mit Brühe und Möhrensaft auffüllen. Möhren und Kartoffeln putzen und waschen. Möhren in Scheiben und Kartoffeln in Würfel schneiden und zum Hackfleisch geben. Alles zirka 30 Minuten kochen lassen. Erneut mit Salz und Pfeffer abschmecken. Zucker oder Honig nach Geschmack zugeben. Den Möhreneintopf etwas musen und mit Schnittlauch oder Petersilie bestreut servieren.

„Manchen Menschen fehlt es zum Leben – anderen nur ein i!"

(Birgit Eckhoff)

Okraschoten-Curry

2 Zwiebeln
2 Knoblauchzehen
Olivenöl
500 Gramm Okraschoten
2 Dose Pizzatomaten
2 Dose Kokosmilch
Currypulver
Salz/ Pfeffer
Zitronensaft

Zubereitung:

Zwiebeln schälen, halbieren und in dünne Scheiben schneiden. Knoblauchzehen fein hacken und mit den Zwiebeln in einer Pfanne in etwas Olivenöl ein paar Minuten anrösten. Curry dazugeben und unter Rühren ein paar Minuten weiterrösten. Die Okraschoten waschen, Stiel und Spitzen abschneiden und in Essigwasser blanchieren. Alles in der Pfanne einige Minuten mit Deckel dünsten. Die geschälten Pizzatomaten und Kokosmilch in die Pfanne geben. Salzen, pfeffern und gut verrühren. Halb zugedeckt bei mittlerer Hitze etwa 25 Minuten köcheln lassen, bis die Okraschoten weich sind. Nochmal mit Salz, Pfeffer, Currypulver und Zitronensaft abschmecken. Dazu Reis reichen.

„Zwischen Essen und Ernähren können Welten liegen."

(Sprichwort)

Panierter Spargel

500 Gramm Spargel
250 Gramm Käse, in Scheiben
250 Gramm Schinken, gekochter
2 Eier
100 Gramm Mehl
100 Gramm Semmelbrösel
Öl, zum ausbacken

Zubereitung:

Den frischen Spargel schälen. In Salzwasser mit einem kleinen Stück Butter und etwas Zucker gar kochen. Jeweils 2 Stangen Spargel erst mit einer Scheibe Käse einwickeln und mit einer weiteren Scheibe Schinken umwickeln. Röllchen mit Zahnstochern fixieren. Die Eier verquirlen. Die Röllchen in Mehl wenden und leicht abgeklopft. Nun durch das verquirlte Ei ziehen und zum Schluss in den Semmelbröseln wälzen. In einer Bratpfanne reichlich Öl erhitzen und die Röllchen darin von allen Seiten knusprig anbraten. Panierter Spargel schmeckt heiß und kalt.

„Widme dich der Liebe und dem Kochen mit ganzem Herzen."

(Dalei Lama)

Pfannenfisch mit Tomaten und Zucchini

600 Gramm Fischfilet
1 Esslöffel Zitronensaft
Salz/ Pfeffer
2 Zucchini
1 Bund Frühlingszwiebeln
2 Knoblauchzehen
800 Gramm Tomaten
3 Esslöffel Olivenöl
Zucker
Petersilie

Zubereitung:

Fischfilet waschen und trockentupfen. In etwa 2 Zentimeter große Würfel schneiden, mit dem Zitronensaft mischen, salzen und pfeffern. Die Zucchini waschen, erst in Scheiben, dann in Stifte schneiden. Die Frühlingszwiebeln waschen, putzen und mit dem Grün in feine Ringe schneiden. Den Knoblauch schälen und fein hacken. Die Tomaten kreuzweise einritzen, überbrühen und schälen, Kerngehäuse entfernen und klein schneiden. Das Olivenöl in einer Pfanne erhitzen. Zucchini darin kurz anbraten. Zwiebelringe und Knoblauch zugeben. Die Tomaten untermischen und alles offen etwa 5 Minuten köcheln lassen. Mit Salz, Pfeffer und Zucker abschmecken. Die Fischwürfel auf das Gemüse legen und bei schwacher Hitze zugedeckt in etwa 5 Minuten gar ziehen lassen. Die Petersilie waschen, die Blättchen hacken. Fisch vorsichtig unter das Gemüse heben und mit Petersilie bestreut servieren.

Pfirsich-Tomaten-Feta-Salat

Für das Pesto:
Kürbiskerne
Petersilie
2 Esslöffel Olivenöl
1 Esslöffel Kürbiskernöl
Salz/ Pfeffer

Für den Salat:
1 Chilischote
3 Esslöffel Weißweinessig
2 Esslöffel Honig
Salz/ Pfeffer
5 Esslöffel Olivenöl
4 Pfirsiche, reife
200 Gramm Kirschtomaten
250 Gramm Feta
80 Gramm Rauke

Zubereitung:

Für das Pesto die Kürbiskerne in einer Pfanne ohne Fett rösten. Dabei mehrmals die Pfanne rütteln. Abkühlen lassen. Petersilie mit den Kürbiskernen, Olivenöl und etwas Salz und Pfeffer im Blitzhacker fein pürieren. Für das Salatdressing die Chilischote längs halbieren, entkernen und in sehr fein schneiden. 5 Esslöffel Wasser mit Weißweinessig, Honig, etwas Salz, Pfeffer und Olivenöl verrühren. Chilischote zugeben. Pfirsiche halbieren, entsteinen und in Spalten schneiden. Pfirsiche unter das Dressing heben. Kirschtomaten vierteln und zu den Pfirsichen geben. Feta gut abtropfen lassen und in mundgerechte Stücke schneiden. Rauke putzen, waschen und in einer Salatschleuder trocknen. Pfirsiche, Tomaten und Feta auf einer Platte anrichten, mit etwas Pesto beträufeln und servieren.

Eine unheimlich erfrischende Salatkreation aus Tomaten, Pfirsich und Feta.

„Die Königin der Kochrezepte ist die Phantasie.“

(Sprichwort)

Pizza Margarita

500 Gramm Mehl
1 Tüte Trockenhefe
0,25 Liter Wasser, lau warm
1 Teelöffel Zucker
2 Esslöffel Öl
250 Gramm Pizzatomaten
3 Esslöffel Tomatenmark
100 Gramm Käse, gerieben
200 Gramm Mozzarella
Salz/ Pfeffer
Oregano

Zubereitung:

Den Backofen auf 200 Grad vorheizen. Mehl, Trockenhefe, Wasser, 1/2 Teelöffel Salz, Zucker und 1 Esslöffel Olivenöl zu einem geschmeidigen Teig kneten und auf einem Backblech ausrollen. Pizzatomaten mit Tomatenmark, Olivenöl, Salz und Pfeffer mischen und auf dem Teig verteilen. Käse reiben und Mozzarella in Scheiben schneiden und auf der Pizza verteilen. Frischen Oregano waschen und hacken (oder getrockneten verwenden) und auf die Pizza streuen. Die Pizza für etwa 30 Minuten im Ofen überbacken. Wer es gehaltvoller mag belegt die Pizza mit weiteren Zutaten nach Wahl.

Rindergulasch

800 Gramm Rindergulasch
2 Zwiebeln
2 Fleischtomaten
2 Paprika
1 Esslöffel Butter
0,5 Liter Fleischbrühe
Salz/ Pfeffer
Paprikapulver
1 Lorbeerblatt
6 Wacholderbeeren
1 kleine Dose Champignons
1 Becher saure Sahne
1 Esslöffel Preiselbeermarmelade

Zubereitung:

Zwiebeln würfeln. Fleischtomaten und Paprika häuten, Stielansätze entfernen und würfeln. Butterschmalz in einem Topf erhitzen und das Rindergulasch von allen Seiten anbraten. Zwiebeln zugeben und goldgelb anbraten. Fleischbrühe zugießen und mit Salz, Pfeffer, Paprikapulver, Lorbeerblatt, Wacholderbeeren würzen und die gewürfelten Tomaten und Paprika zugeben. 1,5 Stunden kochen lassen, bis das Fleisch weich ist. Das Lorbeerblatt raus nehmen. Champignons gut abtropfen und zum Gulasch geben. Preiselbeermarmelade und die saure Sahne unter das Gulasch rühren und alles noch einmal abschmecken. Mit Nudeln servieren.

Rinderrouladen nach Hausmannsart

4 Rinderrouladen
8 Scheiben Speck
2 Zwiebeln
4 Gewürzgurken
1 Möhre
Senf
Paprikapulver
Zitronensaft
Salz/ Pfeffer
Lorbeerblatt
Majoran
Tomatenmark
Butter

Zubereitung:

Rinderrouladen abtupfen, wenn nötig breit klopfen mit Salz, Pfeffer und Senf bestreichen. Speck in dünne Streifen schneiden, Gewürzgurken und Zwiebel in Streifen schneiden und das Ganze als Füllung auf die Rouladen geben und diese zusammenrollen und mit Zahnstocher fixieren. Rouladen mit Paprikapulver bestreuen und scharf in Butter anbraten. Die zweite Zwiebel und die Möhre klein raspeln und je nach Geschmack mit einem Klecks Tomatenmark anbraten und mit etwas Wasser auffüllen. An den Sud das Lorbeerblatt, eine Prise Majoran und Salz geben. Rouladen aufkochen und bei kleiner Flamme etwa 2 Stunden kochen. Vor dem Servieren gemahlene Pfeffer und einige Spritzer Zitrone dazu geben. Dazu passen Petersilienkartoffeln und Rotkohl.

Rotkohlauflauf "Gutsherren Art"

500 Gramm Schnitzel
Salz/ Pfeffer
Paprikapulver
2 Esslöffel Öl
600 Gramm Pellkartoffeln
1 großes Glas Rotkohl
2 Becher Schmand
0,1 Liter Milch
2 Esslöffel Mehl
50 Gramm Wallnüsse
Muskat
200 Gramm Käse, gerieben

Zubereitung:

Pellkartoffeln in reichlich Salzwasser garen. Wenn möglich
schon am Vortag zubereiten, damit sie abkühlen können.
Die Schnitzel je nach Größe einmal teilen. Schnitzel mit
Pfeffer, Salz und Paprikapulver würzen und kurz in Öl
anbraten. Eine Auflaufform einfetten. Rotkohl in die
Auflaufform füllen. Kartoffeln und die Schnitzel
einschichten. Schmand, Milch und Mehl gut verrühren.
Walnüsse knacken, und nicht zu fein hacken. Nüsse unter
die Schmandmischung geben und alles kräftig mit Salz,
Pfeffer und etwas Muskat würzen. Die Schmandmischung
über die Zutaten in der Auflaufform geben. Mit Käse
bestreuen. Den Backofen auf 200 Grad vorheizen und alles
für etwa 30 bis 40 Minuten überbacken.

Salatgurkentopf mit Lachs

4 Zwiebeln
2 Salatgurken
1 Esslöffel Pflanzenöl
Salz/ Pfeffer
1 Teelöffel Zucker
1 Esslöffel Zitronensaft
0,1 Liter Gemüsebrühe
Dill
1 Becher saure Sahne
1000 Gramm Pellkartoffeln
200 Gramm Lachs, geräuchert

Zubereitung:

Zwiebeln fein hacken, Gurken halbieren und in Scheiben schneiden. Öl erhitzen und die Zwiebeln darin glasig dünsten. Gurken dazu geben und mit Salz und Zucker bestreuen. Kurz glasieren, mit dem Limettensaft und der Brühe ablöschen und etwa 15 Minuten garen. Zwischendurch den Dill fein hacken. Gurkengemüse abgießen und die Brühe auffangen. Brühe mit Dill und der sauren Sahne pürieren. Gut mit Salz und Pfeffer abschmecken und wieder zum Gurkengemüse geben. Den Gurkentopf mit Kartoffeln und Lachs servieren.

„Fünf sind geladen, zehn sind gekommen.
Gieß Wasser zur Suppe,
heiß alle willkommen."

(Sprichwort)

Schichtsalat im Glas

2 Eier
1 Salatgurke
1 Paprika
1 kleine Dose Mais
1 Eisbergsalat
100 Gramm Salatcreme
100 Gramm Joghurt
2 Esslöffel Milch
Currypulver
Zitronensaft
Salz/ Pfeffer
1 Dose Thunfisch
Petersilie

Zubereitung:

Eier in kochendes Wasser geben und 9 Minuten kochen. Gurke waschen, putzen und in kleine Würfel schneiden. Paprika waschen, putzen und in dünne Ringe schneiden. Mais in ein Sieb geben, unter kaltem Wasser kurz abspülen und abtropfen lassen. Eier unter kaltem Wasser abschrecken und mit einem Eierschneider in Scheiben schneiden. Salat vierteln, in Streifen schneiden und in einem Sieb unter kaltem Wasser abspülen und abtropfen lassen. Thunfisch abgießen. Salatcreme, Joghurt und Milch verrühren und mit Curry, etwas Zitronensaft, Salz und Pfeffer abschmecken. Gemüse, Thunfisch und Salat in Gläser schichten und mit dem Dressing abschließen. Salat mit Petersilie garnieren und mit etwas Currypulver bestreuen.

Schnitzel mit Pusztasauce

4 Schnitzel
Salz/Pfeffer
3 Paprika
2 Chilischoten
1 Zwiebel
4 Tomaten
Thymian
100 Gramm Speck
2 Esslöffel Butter
2 Esslöffel Tomatenmark
Paprikapulver
0,25 Liter Brühe

Zubereitung:

Schnitzel abtupfen, flach klopfen und mit Salz und Pfeffer würzen. Rundherum mit Senf einstreichen. Paprika und Chilischoten entkernen, abbrausen, halbieren, putzen und in Stücke schneiden. Zwiebel abziehen und in Ringe schneiden. Tomaten häuten, entkernen und das Fruchtfleisch würfeln. Rosmarin und Thymian abbrausen, trockenschütteln und fein hacken. Speck in Würfel schneiden. Die Speckwürfel in einer Pfanne ohne Fett knusprig ausbraten und herausnehmen. Butter in der Pfanne erhitzen und die Schnitzel darin rundherum anbraten, herausnehmen und warm stellen. Tomatenmark mit Paprikapulver im verbliebenen Bratfett anrösten. Brühe zugießen und Paprika, Zwiebel, Chilischote und Kräuter zugeben. Tomaten unterheben und einige Minuten köcheln lassen. Mit Salz und Pfeffer würzen. Schnitzel in die Sauce geben und noch einmal erwärmen. Mit Speckwürfel bestreut servieren.

Schollen auf Schmorgemüse

4 Schollen
Zitronensaft
Salz/ Pfeffer
4 Paprika
2 Zucchini
1 Bund Frühlingszwiebeln
1000 Gramm kleine Kartoffeln
6 Esslöffel Olivenöl
200 Gramm Kirschtomaten
Kerbel

Zubereitung:

Schollen waschen und trockentupfen. Mit Zitronensaft, Salz und Pfeffer würzen und auf ein mit Öl bepinseltes Backblech legen. Paprika, Zucchini und Frühlingszwiebeln putzen. Paprika in Streifen schneiden. Zucchini halbieren und in Scheiben, Frühlingszwiebeln in Ringe schneiden. Kartoffeln kochen, auskühlen lassen, pellen und halbieren. Öl mit Salz und Pfeffer in einer Schüssel verrühren. Kartoffeln mit dem Gemüse mischen und um die Schollen verteilen. Im vorgeheizten Backofen bei 200 Grad etwa 20 Minuten garen. In den letzten 5 Minuten die Tomaten dazulegen. Kerbel hacken und vor dem Servieren drüber streuen.

Spaghetti all Arrabbiata

1000 Gramm Tomaten
2 Zwiebeln
4 Chilischoten
150 Gramm Schinken
Salz/ Pfeffer
3 Zehen Knoblauch
Basilikum
500 Gramm Spaghetti
2 Esslöffel Olivenöl

Zubereitung

Zwiebeln schälen, Tomaten waschen, häuten und den Strunk entfernen. Tomaten, Zwiebeln und Schinken grob würfeln. Chilischoten entkernen und ganz fein schneiden. Zwiebeln und Knoblauch in etwas Olivenöl glasig andünsten und die Tomaten und Chilischoten dazugeben. Alles etwa 10 Minuten schmoren lassen. Schinken würfeln und einrühren. Alles mit Salz und reichlich Pfeffer würzen. Mit frischem Basilikum verfeinern. Die Spaghetti nach Packungsanweisung zubereiten und zusammen mit der Sauce servieren.

"Kochen ist eine Kunst und keineswegs die unbedeutendste."

(Luciano Pavarotti)

Spaghetti Carbonara

400 Gramm Spaghetti
3 frische Eier
200 Gramm Pancetta oder Speck
2 Knoblauchzehen
100 Gramm Parmesan oder Pecorinokäse
4 Esslöffel Olivenöl
Salz/ Pfeffer

Zubereitung:

Eier in eine große Rührschüssel geben, mit Salz und Pfeffer würzen und verquirlen. Den Parmesankäse reiben und etwa dreiviertel davon in die verquirlten Eier einrühren. Den durchwachsenen Speck in kleine Würfel schneiden, den Knoblauch schälen und ebenfalls fein würfeln. Die Spaghetti in reichlich Salzwasser in 8 Minuten bissfest kochen. Zwischenzeitlich eine Schüssel, die später für die Zubereitung der Spaghetti Carbonara verwendet wird, im Backofen gut vorwärmen. Außerdem das Olivenöl in einer kleinen Pfanne erhitzen und den gewürfelten, durchwachsenen Speck darin leicht knusprig anbraten. Am Ende den fein gewürfelten Knoblauch dazugeben und kurz andünsten. Die Spaghetti in einem Sieb abgießen und sofort in die vorgewärmte Schüssel geben. Speck und Knoblauch beimengen und die verquirlten Eier mit dem Parmesan hinzufügen. Alles zusammen gut miteinander verrühren und mit dem restlichen Parmesankäse bestreut servieren.

Spanische Paella

2 Zwiebeln
2 Knoblauchzehen
150 Gramm Chorizo (spanische Knoblauchwurst)
300 Gramm Hähnchenbrustfilet
250 Gramm Tintenfischringe, küchenfertig
300 Gramm Miesmuscheln
3 Paprika
5 Esslöffel Olivenöl
0,75 Liter Brühe
0,25 Liter Weißwein, trocken
200 Gramm Langkornreis
Salz/ Pfeffer, Safran
300 Gramm Garnelen, küchenfertig
1 kleine Dose Erbsen

Zubereitung:

Zwiebeln und Knoblauch schälen und in Würfel schneiden. Chorizo in Scheiben schneiden. Hähnchenbrustfilet und Tintenfischringe waschen, trockentupfen und in Würfel schneiden. Muscheln unter fließend kaltem Wasser gründlich abbürsten und die Bärte vorsichtig abziehen. Bereits geöffnete Muscheln aussortieren. Die Paprika längs halbieren, entkernen, waschen und in Streifen schneiden. Den Ofen auf 180 Grad vorheizen. Olivenöl in einer großen ofenfesten Pfanne erhitzen. Zwiebeln, Knoblauch und Wurst kurz darin anbraten. Hühnerfleisch, Tintenfischringe und Paprikastreifen dazugeben und ebenfalls kurz braten. Mit Brühe und Weißwein ablöschen. Den Reis untermischen, alles mit Salz, Pfeffer und einem Teelöffel Safranpulver würzen und offen 10 Minuten köcheln lassen. Garnelen und Erbsen untermischen. Die Paella im Ofen 20 Minuten weiter garen.

Spanische Gemüsetortilla

400 Gramm Zucchini
200 Gramm Kirschtomaten
1 Paprika
3 Frühlingszwiebeln
2 Knoblauchzehen
Petersilie
Thymian
Basilikum
1 Teelöffel Zitronenschale
6 Eier
2 Esslöffel Mineralwasser
2 Esslöffel Olivenöl
Salz/ Pfeffer

Zubereitung:

Eier mit den klein gehackten Kräutern, Zitronenschale, Mineralwasser, Salz und Pfeffer verquirlen. Zucchini und Paprika in kleine Stücke schneiden. Olivenöl in einer Pfanne erhitzen und den klein gehackten Knoblauch und die klein geschnittenen Frühlingszwiebeln kurz scharf anbraten. Zucchini, Paprika und die Kirschtomaten hinzufügen. Die verquirlten Eier darüber gießen und ungefähr zehn Minuten stocken lassen. Den Deckel abnehmen, die Pfanne in den Ofen stellen und die Gemüsetortilla 10 Minuten bei 200 Grad backen. Nach dem Herausnehmen die Gemüsetortilla vorsichtig auf einen Teller stürzen und nochmals wenden.

Spätzle-Salat

500 Gramm Spätzle
2 Stangen Lauch
200 Gramm Speck
1 Paprika
2 Esslöffel Öl
1 Esslöffel Senf
Salz/ Pfeffer

Zubereitung:

Spätzle in reichlich kochendem Salzwasser nach Packungsangabe kochen. In einem Sieb abgießen, gut abtropfen und abkühlen lassen. Lauch putzen, längs aufschneiden, gründlich abspülen und in feine Ringe schneiden. In kochendem Salzwasser blanchieren, abschrecken und gut abtropfen lassen. Speck in kleine Würfel schneiden und in einer beschichteten Pfanne ohne Fett knusprig braten. Herausnehmen und auf Küchenkrepp abtropfen lassen. Paprikaschote putzen, waschen und in kleine Würfel schneiden. In einer großen Schüssel Essig, Öl, Senf, Salz und Pfeffer verrühren, bis eine cremige Marinade entstanden ist. Spätzle, Speckwürfel, Lauchringe und Paprikawürfel zugeben und mischen. Zugedeckt 20 Minuten durchziehen lassen.

„Gut gekaut ist halb verdaut."

(Sprichwort)

Ein deftiger und sättigender Spätzle-Salat schmeckt nicht nur eingefleischten Schwaben.

Mit diesem herzhaften Snack können Sie auf dem Party - Buffet mächtig Eindruck schinden.

Speck-Kartoffeln mit Kräuterquark

400 Gramm Kartoffeln, kleine festkochende
1 Zwiebel
Schnittlauch
125 Gramm Speisequark
250 Gramm Magerquark
Salz/ Pfeffer
2 Esslöffel Öl
1 Esslöffel Zucker
50 Gramm Schinken, dünne Scheiben
Holzspieße

Zubereitung:

Kartoffeln waschen und in kochendem Wasser 20 Minuten garen. Zwiebel schälen und fein würfeln. Schnittlauch waschen und in feine Röllchen schneiden. Einen Esslöffel Kräuter zum Garnieren beiseite stellen. Quark mit Zwiebel und Kräutern verrühren. Mit Salz und Pfeffer abschmecken und kalt stellen. Kartoffeln abgießen, kalt abschrecken, Schale abziehen und etwas auskühlen lassen. Öl in einer großen Pfanne erhitzen. Kartoffeln darin goldbraun braten. Zucker einstreuen und unter Wenden karamellisieren. Kartoffeln herausnehmen und auskühlen lassen. Schinkenscheiben einmal längs halbieren und um die Kartoffeln wickeln. Kräuterquark in kleine Gläser füllen. Je ein oder zwei Kartoffeln auf Spieße stecken, in die Gläser stecken und mit Kräutern garnieren.

Steckrübeneintopf

800 Gramm Schweinerippe oder Bauch
2 Liter Wasser
1 Teelöffel Salz
1 halbe Stange Porree
1 Sellerieknolle
1 Zwiebel
1 Möhre
2 Lorbeerblätter
1000 Gramm Steckrüben
750 Gramm Kartoffeln
100 Gramm Speckwürfel

Zubereitung:

Porree, Sellerie und Möhre klein schneiden. Rippe oder Bauch zusammen mit Lorbeerblättern in einen Topf mit Salzwasser geben und das Fleisch zirka 1 Stunden kochen. Sobald sich das Fleisch vom Knochen löst ist es gar. Brühe abgießen, aufbewahren und das abgekühlte Fleisch in Würfel schneiden. Die Zwiebel klein schneiden und mit dem geräucherten Speck in Öl anschwitzen. Kartoffeln und Steckrüben schälen, in Würfel schneiden und in der aufgefangenen Brühe 20 Minuten kochen. Fleisch dazugeben. Alles mit Salz und Pfeffer abschmecken. Ganz nach Geschmack Heißwürstchen oder geräucherte Mettwurst dazu reichen.

„Die Rübe will gerüttelt sein, wenn sie wirklich soll gedeihn."

(Sprichwort)

Südtiroler Spinatklöße mit Käsesauce

Für die Knödel:
200 Gramm Spinat
1 Zwiebel
1 Esslöffel Butter
200 Gramm Weißbrot
Petersilie
3 Eier
Salz/ Pfeffer
Muskat
100 Gramm Käse

Für die Käsesauce:
70 Gramm Käse
2 Zwiebeln
2 Esslöffel Butter
2 Esslöffel Mehl
0,3 Liter Milch
1 Teelöffel Brühe
Muskat
Pfeffer
1 Zitrone

Zubereitung:

Spinat waschen und abtropfen lassen. Zwiebeln schälen und fein hacken. In einer Pfanne einen Esslöffel Butter erhitzen, Schalotte darin anschwitzen, Spinat zugeben und zusammenfallen lassen. Spinat aus der Pfanne nehmen, gut ausdrücken und fein hacken. Weißbrot in Würfel schneiden. Petersilie abspülen, trockenschütteln und fein schneiden. Eier in einer Schüssel aufschlagen und über die Brotwürfel geben. Spinat und Petersilie zugeben und alles gut vermischen. Mit Salz, Pfeffer und Muskat würzen. Mit angefeuchteten Händen aus der Masse Klöße formen. Käse in Würfel schneiden. Mit dem Finger ein Loch in die Knödel drücken und darin ein Stück Käse hineingeben. Das Loch außen wieder verschließen und die Knödel in kochendem Salzwasser 15 Minuten ziehen lassen. Für die Sauce den Käse fein reiben. Zwiebel würfeln und in einem Topf mit 2 Esslöffel Butter anschwitzen, mit Mehl bestäuben und unter ständigem Rühren mit dem Schneebesen die Milch langsam zugeben. Die Sauce kurz köcheln lassen und mit Brühe würzen. Den Topf vom Herd ziehen, den Käse zugeben und in der warmen Sauce schmelzen lassen. Sauce mit Muskat, Pfeffer und einer Prise frisch geriebener Zitronenschale abschmecken. Die Knödel mit der Käsesauce anrichten und servieren.

Spinatklöße mit Käsesauce ist ein Schlemmeressen aus den Tiroler Bergen.

Sushi

150 Gramm Sushi-Reis
3 Esslöffel Reisweinessig
3 Esslöffel Zucker
1 Esslöffel Salz
4 Nori-Algenblätter
1 kleine Gurke
Ingwer
1 Avocado
225 Gramm geräucherter Lachs, Krabbenfleisch oder
Thunfisch

Zubereitung:

Einen mittelgroßen Topf mit 0,35 Liter Wasser zum
Kochen bringen. Reis hinzufügen, umrühren und
zugedeckt 20 Minuten bei niedriger Temperatur quellen
lassen. In einer kleinen Schüssel Reisweinessig mit Zucker,
Salz verrühren und mit dem gekochten Reis vermischen.
Backofen auf 150 Grad vorheizen. Gurke und Avocado
schälen, entkernen und in feine Streifen schneiden. Nori-
Algenblätter auf einem Backblech ausbreiten und im
vorgeheizten Ofen 2 Minuten erwärmen. Ein Nori-
Algenblatt in die Mitte einer Bambusmatte oder auf ein
Geschirrtuch legen. Mit angefeuchteten Händen eine
dünne Schicht Reis gleichmäßig auf dem Algenblatt
verteilen und festdrücken. Jeweils ein Viertel der
restlichen Zutaten in der Mitte vom Reis in einem Streifen
platzieren. Ein Ende der Matte hochheben und das
Algenblatt vorsichtig zu einer festen Rolle formen. Mit den
restlichen Zutaten genauso verfahren. Mit einem scharfen
Messer mit feuchter Klinge jede Rolle in 5 Scheiben
schneiden und sofort servieren. Für vegetarische Sushi-

Rollen lässt man Fisch oder Meeresfrüchte einfach weg und verwendet zusätzliches Gemüse.

Japanisches Sushi ist eine gesunde und kalorienarme Kombination von Reis und rohem Fisch.

„Man soll dem Leib etwas Gutes bieten, damit die Seele Lust hat, darin zu wohnen.“

(Winston Churchill)

Sushi auf friesische Art

400 Gramm Räucheraal
2 Becher Hüttenkäse
2 Salatgurken
2 Zitronen
1 Esslöffel Honig
4 Esslöffel Senf
0,2 Liter Sojasoße
Salz

Zubereitung:

Eine Gurke schälen, längs halbieren und mit einem Teelöffel das Kerngehäuse entfernen. Eine Zitrone halbieren, auspressen und die Schale abreiben. Den Hüttenkäse in einem Sieb gut abtropfen lassen und anschließend mit Salz und abgeriebener Zitronenschale abschmecken. Den Hüttenkäse in die ausgehöhlte Gurke füllen. Den Räucheraal mit Senf bestreichen und auf die mit Hüttenkäse gefüllten Gurkenhälften legen. Mit einem scharfen Messer in mundgerechte Schiffchen schneiden. Sojasauce mit Zitronensaft und Honig zu einem Dip abschmecken und in einem kleinen Schälchen zusammen mit den Gurkenschiffchen servieren.

„Deine Nahrungsmittel seien deine Heilmittel."

(Hippokrates)

Süßkartoffel-Apfelsuppe

2 Zwiebeln
600 Gramm Süßkartoffeln, festkochend
3 Äpfel
2 Esslöffel Butter
0,8 Liter Brühe
2 Esslöffel Zitronensaft
1 Becher Sahne
Salz/ Pfeffer
einige Spritzer Tabasco
Thymian

Zubereitung:

Zwiebeln schälen und würfeln. Die Kartoffeln waschen, schälen und grob würfeln. 2 Äpfel vierteln, schälen, das Kerngehäuse entfernen und grob würfeln. Die Butter in einem Topf erhitzen, Zwiebeln darin glasig dünsten. Die Kartoffel und Apfelstücke zugeben. Mit der Brühe aufgießen, aufkochen und die Suppe zugedeckt bei mittlerer Hitze 15 Minuten kochen lassen. Inzwischen den übrigen Apfel waschen, mit Schale vierteln und das Kerngehäuse entfernen und in kleine Würfel schneiden, mit Zitronensaft beträufeln und beiseite stellen. Die Suppe fein pürieren. Die Sahne unterrühren und kurz einkochen lassen. Mit Salz, Pfeffer und Tabasco abschmecken. Thymian waschen, trockenschütteln und die Blätter abzupfen. Apfelwürfel unter die Suppe rühren und erwärmen. Die Suppe anrichten und mit Thymian bestreut servieren.

„Ein Apfel täglich, keine Krankheit quält dich."

(Weisheit)

Tafelspitz in Meerrettichsauce

800 Gramm Rindfleisch
2 Liter Wasser
2 Esslöffel Brühe
3 Möhren
1 Stange Lauch
150 Gramm Sellerie
1 Zwiebel
Petersilie
Salz/ Pfeffer
2 Esslöffel Brühe
2 Becher saure Sahne
1/2 Stange Meerrettich

Zubereitung:

2 Liter Salzwasser in einem großen Topf zum Kochen bringen. Brühe zugeben, Fleisch hineinlegen und etwa zwei Stunden bei milder Hitze kochen lassen. Gemüse putzen, klein schneiden und etwa 30 Minuten vor Ende der Kochzeit zum Fleisch geben. Gemüse durch ein Sieb gießen und Fleischbrühe auffangen. Für die Meerrettichsauce saure Sahne mit Fleischbrühe, Senf und Meerrettich etwas einkochen lassen. Fleisch nach dem Garen in Scheiben schneiden und auf einer Platte auf dem Gemüse anrichten und mit etwas Fleischbrühe übergießen. Die Sauce getrennt dazu reichen.

Thymian-Hähnchen

4 Hähnchenbrustfilets
Thymian
6 Tomaten
5 Zwiebeln
1 Becher Sahne
1 Becher Crème fraîche
2 Knoblauchzehen
1 Teelöffel Gemüsebrühe
0,1 Liter Wasser
2 Teelöffel Speisestärke
etwas Wasser zum Auflösen
Salz/ Pfeffer

Zubereitung:

Den Ofen auf 200 Grad vorheizen. Thymian waschen, die Blättchen abzupfen und fein schneiden. Die Hähnchenbrüste mit Salz, Pfeffer und Thymian einreiben und in eine ofenfeste Auflaufform legen. Zwiebel pellen und in feine Scheibchen schneiden. Tomaten vierteln und die Stielansätze entfernen. Alles um die Hähnchenbrüste verteilen. Knoblauchzehen pellen und pressen. Sahne und Crème fraîche, Knoblauch, Gemüsebrühe, Wasser und der aufgelösten Speisestärke verrühren und aufkochen lassen. Mit Salz und Pfeffer würzen. Alles über die Hähnchenbrüste und Gemüse verteilen. Im heißen Ofen etwa 50 Minuten garen. Dazu Brot servieren.

Tortelliniauflauf

2 Packungen Tortellini
200 Gramm Champignons
1 Paprika
1 Zwiebel
1 Frühlingszwiebel
1 Dose Thunfisch
1 Becher Schmand
1 Dose Pizzatomaten
1 Packung Käse, gerieben
Salz/ Pfeffer
Oregano
Basilikum
Paprikapulver

Zubereitung:

Tortellini nach Packungsangabe kurz in gesalzenem Wasser kochen. In der Zwischenzeit Champignons, Zwiebel, Frühlingszwiebel und Paprika waschen, putzen und klein schneiden. Die Zwiebeln in einem Topf andünsten. Champignons hinzufügen und etwa 5 Minuten anbraten. Den Thunfisch dazugeben und zum Schluss die Paprika einfüllen, damit diese noch schön knackig bleibt. Schmand und die passierten Tomaten in den Topf geben, alles kräftig umrühren und mit den Gewürzen abschmecken. Die gekochten Tortellini in eine Auflaufform geben, die Gemüse-Schmand-Mischung gleichmäßig darüber verteilen und das Ganze großzügig mit Käse bestreuen. Den Auflauf 20 Minuten bei 200 Grad im Ofen goldbraun backen.

Türkische Pizza Schlange

Für die Fladen:
500 Gramm Mehl
1 Packung Trockenhefe
etwas Wasser
1 Teelöffel Zucker

Für den Belag:
500 Gramm Rinder- oder Lammhackfleisch
4 Knoblauchzehen
1 Esslöffel Tomatenmark
2 Tomaten
2 Peperoni
Salz/ Pfeffer
Kümmel
2 Esslöffel Olivenöl

Zubereitung:

Mehl und Trockenhefe miteinander vermengen, die restlichen Zutaten dazugeben (Wasser nach Gefühl) und zu einem Teig verarbeiten. 30 Minuten ruhen lassen. Hackfleisch in eine Schüssel geben, Zwiebeln in Würfel schneiden, Tomaten schälen, entkernen und klein würfeln. Peperoni halbieren, entkernen und in Röllchen schneiden. Petersilie fein hacken und mit den restlichen Zutaten zum Hackfleisch geben. Die Mischung gut durchkneten. Mit Salz und Pfeffer würzen. Den Backofen auf 200 Grad vorheizen. Backblech mit Backpapier auslegen. Arbeitsfläche mit Mehl bestäuben. Teig dünn ausrollen und auf das Backblech legen. Hackfleischmasse darauf geben und einrollen. 30 Minuten backen bis der Teig goldbraun ist. Mit Salat servieren.

Türkische Pizza ist bekannt unter dem Namen Lahmacun.

„Kein Genuss ist vorübergehend, denn der Eindruck, den er zurücklässt, ist bleibend."

(Johann Wolfgang von Goethe)

Überbackene Zwiebelschnitzel

4 Schnitzel
3 Zwiebeln
0,25 Liter Sahne
0,25 Liter Vollmilch
1 Esslöffel Gemüsebrühe
200 Gramm Käse, gerieben
Salz/ Pfeffer

Zubereitung:

Den Backofen bei auf 200 Grad vorheizen. Schnitzel leicht salzen und pfeffern und in die Auflaufform legen. Zwiebeln in Streifen schneiden und über den Schnitzeln verteilen. Milch, Sahne und Brühe verrühren. Das Milch-Sahne-Gemisch über die Schnitzel gießen und darauf achten, dass alles (auch die Zwiebeln) bedeckt sind. So bleiben die Schnitzel schön saftig und die Zwiebeln verbrennen nicht. Die Form für 20 Minuten in den Ofen geben. Die Auflaufform herausnehmen und den Käse gleichmäßig darüber verteilen und für weitere 10 Minuten in den Ofen geben. Die Schnitzel sind fertig, wenn der Käse leicht braun ist. Dazu Reis, Nudeln, Gratin oder einfach Brot servieren.

„Die Welt gehört dem, der sie genießt."

(Giacomo Leopardi)

Vegetarische Moussaka

400 Gramm Kartoffeln
Salz/ Pfeffer
800 Gramm Auberginen
400 Gramm Zucchini
2 Esslöffel Öl
2 Knoblauchzehen
2 Dose Pizzatomaten
300 Gramm Magerquark
2 Eigelbe
Oregano

Zubereitung:

Kartoffeln waschen und in Salzwasser in der Schale garen. Abgießen, pellen und abgekühlt in Scheiben schneiden. Aubergine in mundgerechte Würfel schneiden, leicht salzen und 15 Minuten in einem Sieb ziehen lassen. Zucchini in Scheiben schneiden. Öl in einer beschichteten Pfanne erhitzen und die Auberginen darin rundherum kräftig anbraten. Knoblauch dazu pressen. Tomaten zugeben, salzen und pfeffern. Quark, Eigelb und Oregano verrühren. Auberginenmischung in eine Auflaufform geben. Kartoffel - und Zucchinischeiben dachziegelartig darauf legen. Quark mit einem Teelöffel in kleinen Häufchen darauf verteilen und im vorgeheizten Ofen bei 200 Grad etwa 25 Minuten überbacken.

„Iss was gar ist!
Trink, was klar ist!
Red, was wahr ist!

(Martin Luther)

In diesem fleischlosen Moussaka Rezept spielen Auberginen, Zucchini und Kartoffeln die Hauptrolle.

Zucchini und Basilikum sind eine tolle Kombination.

Zucchinisuppe

1000 Gramm Zucchini
1 Zwiebel
2 Knoblauchzehen
2 Esslöffel Olivenöl
0,75 Liter Wasser
3 Teelöffel Gemüsebrühe
1 Teelöffel Salz
Salz/ Pfeffer
Basilikum

Zubereitung:

Olivenöl in einem Topf heiß werden lassen. Zwiebel und Knoblauch pellen und würfeln und kurz anbraten. Zucchini waschen, schälen und in grobe Würfel schneiden und in den Topf geben. Unter rühren 5 Minuten anbraten. 0,8 Liter Wasser angießen. 1 Teelöffel Salz zugeben und 15 Minuten kochen lassen. Topf vom Herd nehmen. Basilikum zur Suppe geben und alles mit dem Stabmixer pürieren. Mit Salz und Pfeffer abschmecken. Mit lustigen Gesichtern und Basilikum garnieren und servieren.

„Kontrolliert euren Appetit, ihr Lieben, und ihr habt die menschliche Natur erobert."

(Charles Dickens)

Guten Appetit

いただきます。

Afiyet olsun

buon appetito

bom apetite   dobar tek

bon appétit

```
oo o  o o oo   o oo oo o  o o  o
oo   oo o o    o o  o oo o oo
oo o   o      o o   o   o
```

בְּתֵאָבוֹן

καλή όρεξη

Buen provecho

Tischlein deck dich!

ESELSBRÜCKE

GABEL LINKS

MESSER RECHTS

„Wo die Liebe den Tisch deckt, schmeckt das
Essen am besten.“

(Sprichwort)

Am Tisch

Die Serviette richtig nutzten

Serviette bis zur Hälfte auffalten und mit der offenen Seite Richtung Tisch auf den Schoß legen. Genutzt wird sie, um die Lippen vor dem Trinken abzutupfen, damit auf den Gläsern keine Fettränder entstehen. Nach dem Essen sollte sie wieder zusammengefaltet und neben den Teller gelegt werden.

Die korrekte Körperhaltung

Möglichst aufrecht sitzen. Von den Armen aus sollten jeweils nur die Hände und höchstens noch Teile des Unterarms auf dem Tisch liegen. Speisen werden zum Mund geführt und nicht der Kopf in Richtung Teller gebeugt.

Gläser und Tassen gekonnt halten

Gläser mit Stiel werden an diesem gefasst, da so der Inhalt nicht unnötig erwärmt wird. Tassen werden am Henkel gefasst, jedoch werden die Finger nicht durch die Öffnung durchgesteckt. Bevor man zu trinken beginnt, sollte das Essen heruntergeschluckt sein.

Geht gar nicht

Schlürfen, Schmatzen und Rülpsen sollte man dringend vermeiden. Auch die Ellenbogen auf den Tisch zu legen macht keinen guten Eindruck. Ein übler Fauxpas ist außerdem, die Serviette in den Kragen zu stecken. Unbedingt unterlassen!

Mit Stäbchen essen

Halten Sie die Hand recht locker und legen Sie ein Stäbchen mit der dünnen Spitze nach vorne in die Vertiefung zwischen Daumen und Zeigefinger. Der vordere Teil des Stäbchens ruht auf dem Ringfinger und wird zudem leicht vom Daumen gehalten. Nachdem das erste Stäbchen nun locker aber sicher in der Hand liegt, nehmen wir das zweite hinzu und legen es zwischen Mittel- und Zeigefinger. Der Daumen stützt auch hier das Stäbchen, das sie gerade dazugetan haben. Der Mittelfinger wirkt wie eine Art Hebel, der es später beim Essen auf - und ab bewegt. Versuchen Sie nun, die Spitzen der Stäbchen zusammenzuführen, indem Sie mit dem Zeige- und dem Mittelfinger das obere Stäbchen bewegen. Das untere liegt in der Hand und wird so gut wie gar nicht bewegt. Achten Sie darauf, dass die Spitzen der Stäbchen parallel zueinander liegen. Mit etwas Übung werden Sie bald ihre Stäbchen in den Griff bekommen.

Andere Länder - andere Sitten!

Mein chinesischer Freund Kaito erzählt mir:

„In China ist schmatzen und schlürfen sehr wohl erlaubt, denn es wird als „es schmeckt" gedeutet. An eine wichtige Regel sollte sich jedoch jeder unbedingt halten. Beim Zuprosten hält der Ranghöchste - oder Gastgeber das Glas am höchsten."

Auf einer Reise verrät mir die Inderin Indira dieses:

„In Indien darf man rülpsen, aber nicht vergessen immer mit der rechten Hand etwas aus einer Schüssel nehmen, denn die linke gilt bei uns als unrein."

Freundin Theresa stammt aus Amerika und berichtet:

„In den USA wird das Fleisch mit Messer und Gabel vorgeschnitten. Die Gabel wird in die rechte Hand genommen. Das Messer wird zur Seite gelegt und mit der Gabel wird weiter gegessen."

Auf meinen Reisen habe ich noch einige andere Tischediketten aus fernen Ländern kennen gelernt. Selbstverständlich informiere ich mich vor Reisebeginn über lokalen Benimmregeln, denn es ist einfach ein Zeichen von Respekt und Aufmerksamkeit und natürlich auch Wertschätzung sich in andere Länder landestypisch zu verhalten. Etwas, das sich gehört, ohne dass man es besonders hervorheben sollte.

Lustige Tischsprüche nicht nur für kleine Menschen

Kennt ihr schon die Hexenbraut? Pimpernelle
Zwiebelhaut, rückwärts steigt sie aus dem Bett,
reibt sich ein mit Stiefelfett, kocht sich
Seifenblasentee, futtert Scheuerlappen in Gelee,
Fröschebein und Tintenkleckse, ja, das mag die kleine
Hexe! „Guten Appetit"

Mein, dein, sein - der Tisch der ist noch rein -
der Bauch der ist noch leer und brummt wie ein Bär.
„Guten Appetit"

Wir sitzen zusammen, der Tisch ist gedeckt,
wir wünschen uns allen, dass es gut schmeckt!
„Guten Appetit"

Ich bin die Raupe Nimmersatt, die immer großen
Hunger hat und wenn sie was zu essen sieht, dann
sagt sie schnell „Guten Appetit"

Jeder esse was er kann, nur nicht seinen Nebenmann.
Und wir nehmen`s ganz genau, auch nicht seine
Nebenfrau! „Guten Appetit"

Viele kleine Fische schwimmen jetzt zu Tische,
reichen sich die Flossen, dann wird kurz beschlossen,
jetzt nicht mehr zu blubbern, stattdessen jetzt zu
futtern. „Guten Appetit"

Der Drache ist grooooß (Arme nach oben ausstrecken)
der Drache ist mächtig (Armmuskeln zeigen) der hat
Beine von 3 Meter 60 (auf die Beine zeigen) Das ist
unser Ziel (auf uns zeigen) drum essen wir soooo viel
(mit der Hand auf den vollen Teller zeigen)
„Guten Appetit"

Rolle, rolle, rolle, der Tisch der ist so volle, mein Bauch der
ist so leer, der brummt wie ein Bär. Jetzt brummt er wie
ein Hummer, recht guten Hunger.
„Guten Appetit"

Wenn wir beieinander sitzen, nicht mehr durch die
Stube flitzen, schnuppern wir die Essenszeit und die
Löffel sind bereit. Wer noch laut war ist jetzt still, weil
jeder nur noch essen will. „Guten Appetit"

Wir wollen jetzt essen, das Spielen vergessen. Kein
Gemecker, kein Geklecker, denn das Essen schmeckt so
lecker. Wir fassen uns an und fangen jetzt an.
„Guten Appetit"

Die Räuber schimpfen sehr,
denn der Teller ist noch leer,
erst mal mit den Fingern hackeln,
kräftig mit dem Popo wackeln,
liebevoll das Bäuchlein streicheln,
über Kreuz die Hände reichen,
zicke zacke Zunger,
die Räuber haben Hunger.
„Guten Appetit"

Eins, zwei, drei, vier, fünf, sechs, sieben -
„Guten Appetit" ihr Lieben

Ellenbogen, Ellenbogen -
sei doch nicht so ungezogen -
auf dem Tisch darfst du nicht sein.
Alle Kinder essen fein.
„Guten Appetit"

Es war einmal ein Krokodil, das fraß und fraß unheimlich
viel, es schmatzte und schmatzte *mtzmtzmtz*
bis es endlich platzte! Piep - piep – piep recht
„Guten Appetit"

Pittiplatsch der Liebe, hat eine runde Rübe, hat nenn
dicken Kullerbauch und Hunger hat er auch!
Piep - piep – piep recht „Guten Appetit"

„Sage es mir, und ich werde es vergessen. Zeige es mir, und ich werde es vielleicht behalten. Lass es mich tun, und ich werde es können."

(Konfuzius)

Am Ende wird alles gut. Und wenn es nicht gut ist, ist es auch noch nicht das

(Oscar Wilde)